I0820893

Cocina de aquí para gente de hoy

MIKEL LÓPEZ ITURRIAGA
EL COMIDISTA

Cocina de aquí para gente de hoy

Sumario

Morrococos, zarangollos y titainas para el siglo XXI

En la primavera de 2023 tuve dos revelaciones. La primera ocurrió en mi mesa de trabajo, en la que se suelen acumular libros de cocina que me envían las editoriales porque soy periodista. Decidido a vencer mi pereza y empezar a ordenarlos, repasé las cuatro torres formadas por unos siete u ocho ejemplares publicados en los meses anteriores, y me di cuenta de un hecho inquietante: abundaban los recetarios exóticos, especialmente de países asiáticos, o los centrados en un tipo de plato, producto o electrodoméstico concreto, pero no había ni uno dedicado a la cocina española. En ninguna de sus variantes.

La segunda iluminación fue más progresiva, y se produjo gracias a *El Comidista,* medio gastronómico que tengo la suerte de dirigir. En febrero de aquel año lanzamos un vídeo con la receta de un guiso tradicional andaluz llamado «matamaridos», que arrasó en audiencia. «Puede ser que fuera el nombre», pensamos. Sin embargo, después llegaron otras recetas de platos tradicionales como las lentejas de toda la vida, la carne a la suegra, la pipirrana o el cojondongo, y las cifras de visualizaciones se volvieron a disparar tanto en la web como en nuestras redes sociales. Especialmente en TikTok, por cierto, donde se supone que manda el público más joven.

Las señales se acumulaban. Por un lado, estaba claro que había una demanda de información sobre este tipo de platos. Por otro, que el mercado editorial no la estaba atendiendo. ¿Era el momento de escribir un nuevo libro? Mi yo vago redomado, que últimamente manda en casi todas mis decisiones, reaccionó con horror ante la idea: «Buf, mucho trabajo. Descansa un poco más, que sólo han pasado diez años desde que sacaste el último.» Por el contrario, mi yo responsable / benefactor de la humanidad vio clara la ocasión: «Tienes que recopilar buenos platos regionales y darlos a conocer a un nuevo público. Hazlo por tu país. Y por el dinero.»

La resolución de mi conflicto interior ya te la puedes imaginar, porque más de un año después estás leyendo este libro. Fiel a su idea inicial, *Cocina de aquí para gente de hoy* ofrece un buen repertorio de especialidades locales españolas, combinadas con alguna que otra receta más moderna. No busca reunir el enésimo *greatest hits* de la cocina española —por eso no están la paella valenciana, el cocido, la fabada o el bacalao al pil-pil—, sino más bien difundir recetas poco conocidas fuera de sus lugares de origen.

Nada más arrancar el proyecto, tuve claro un principio: debía reivindicar esa tradición desde un punto de vista radicalmente contemporáneo, adaptando la selección de platos y su tratamiento a las necesidades de la actualidad. No quería firmar un libro neorrancio que lloriqueara por un pasado perdido, sino un recetario útil que descubriera joyas de nuestro patrimonio gastronómico a los cocinillas del siglo XXI, como el morrococo, el caldo valiente, el zarangollo o la titaina.

Por eso las recetas que he elegido son siempre sencillas, con ingredientes asequibles y relativamente rápidas de preparar: la inmensa mayoría de la «gente de hoy» no tiene ni demasiado tiempo ni grandes conocimientos de técnica culinaria. En ese sentido, apuesto siempre por las preparaciones menos complicadas y, cuando es posible, propongo formas de acelerarlas usando trastos como la olla rápida, la freidora de aire o el microondas, o productos preparados que podamos encontrar en el supermercado.

Lo siento, pero estoy hasta la jijonenca de la mitificación de «la cocina de la abuela», el chup-chup y la cazuela de barro, y pienso que la mejor manera de preservar nuestra tradición es utilizar cualquier instrumento a nuestro alcance que nos facilite seguir cocinando en casa. Ésa es la prioridad ahora. No considero heroico el tirarse horas y horas guisando, ni le veo mucho sentido a romantizar tiempos pretéritos que seguramente no fueron tan buenos como los pintamos. Estoy convencido de que, en algunos aspectos, cocinamos mejor ahora que hace cincuenta años, y si no, pregúntaselo a las pobres verduras pasadas o a los pescados y mariscos corchificados por laaargas cocciones de aquellos tiempos. Por eso, cuando me ha parecido necesario, he adaptado las recetas al gusto actual, tratando de respetar siempre la esencia del plato.

La perspectiva contemporánea también ha sido determinante en otro aspecto: la apuesta por una cocina saludable y lo más respetuosa posible con el medio ambiente. Por ambos motivos, en *Cocina de aquí para gente de hoy* abundan los ingredientes de origen vegetal, como las verduras, las legumbres, los frutos secos o las frutas, y escasean los de origen animal. No es un libro de cocina vegana o vegetariana, pero las carnes y pescados apenas protagonizan el 15 % de los platos, y doy recomendaciones para veganizar las recetas siempre que sea factible.

En este sentido, la tradición, en especial la del sur y el este del país, ha ayudado. Por suerte, existen un montón de especialidades locales que fueron vegetarianas antes de que existiera el vegetarianismo, sobre todo en Andalucía, la Región de Murcia, la Comunidad Valenciana y Cataluña. He intentado que todas las comunidades autónomas estuvieran representadas con cierto equilibrio en el libro, pero si pesan más estas cuatro, échale la culpa a la dieta mediterránea.

En cualquier caso, para mí es un orgullo poner en valor este legado *plant-based* en tiempos de emergencia climática. Digan lo que digan los negacionistas, los señoros del chuletón o los informes pagados por la industria cárnica, la ciencia es clara y meridiana al respecto: comer menos carne es una de las mejores cosas que puedes hacer no sólo por tu salud, sino también por el futuro del planeta. Tampoco negaré que este discurso encaja con mis gustos personales. Cada vez me interesa menos comer animales y más disfrutar de las verduras, y creo que la longitud del capítulo dedicado a estas últimas me delata.

Poco más que decir sobre este tocho que tienes en tus manos. Verás que algunos platos están geolocalizados en sus comunidades de origen, y otros, no. Si ocurre esto último, es que no provienen de una zona o región concreta. Además de los ingredientes y la preparación, en cada receta encontrarás una pizca de su historia. Por si tu avidez lectora no se sacia con esas introducciones, incluyo unos cuantos textos más largos sobre temas más o menos candentes en la cocina española. Unos se centran en platos como la tortilla de patatas, las bravas, los escabeches o las ensaladas; otros analizan el papel de productos como los quesos o el pimentón, y otros más genéricos abordan cuestiones como la cultura del aprovechamiento, el impacto de la aparición de nuevos alimentos y utensilios, o el absurdo de fijar fórmulas para clásicos como el gazpacho.

Un objetivo importante de *Cocina de aquí para gente de hoy* es que pases un buen rato leyéndolo, disfrutes con las fotos de Becky Lawton y las ilustraciones de Lucia Calfapietra, y de paso aprendas algo que quizá no sabías. Ahora bien, lo mejor que puedes hacer con él es lanzarte a preparar alguno de los más de 100 aperitivos, entrantes, segundos o postres incluidos en sus páginas. De eso va este libro, de descubrir una pequeña parte de nuestra herencia culinaria, actualizarla y, sobre todo, devolverla al lugar del que nunca debió salir: las cocinas de nuestras casas.

10 cosas que SÍ puedes hacer con la cocina española

Santificar la cebolla y el ajo
Los dos pilares que sustentan todo. Darles su tiempo en sartenes y cazuelas es el primer mandamiento de la cocina española.

Croquetearlo todo
Cualquier resto de comida es susceptible de ser convertido en croqueta. Quedarse en el jamón es de cobardes.

Recuperar los caldos
Son la base de incontables sopas, guisos y potajes y sirven para aprovechar al máximo la comida. No los abandones, ellos no lo harían.

Tener un concepto peculiar de lo «vegetal»
Nuestro sándwich vegetal lleva jamón, atún, huevo y queso. Una ensalada con salmón es «vegetariana» para nueve de cada diez españoles (dato no contrastado).

Vivir de gazpacho en verano
Si consideras esta sopa/bebida como una primera necesidad cuando hace calor, obtienes 10 puntos de españolidad.

Defender hasta la muerte tu modelo de tortilla
Con cebolla o sin cebolla. Líquida, cremosa o cuajada. Elige tu favorita, pero da la vida por ella frente a cualquiera que opine lo contrario.

Mojar pan
El mayor disfrute de muchos platos españoles llega al final, cuando rebañas. Perdérselo es pecado mortal.

Discutir sobre la procedencia o los ingredientes de los platos
Deporte cien por cien español. Se recomienda informarse antes para que los argumentos no se queden en «mi abuela lo hacía así».

Preferir la canela a la vainilla
La canela nos entusiasma y se la ponemos a cualquier cosa dulce. La vainilla... ¿no es francesa?

Saltarte las normas
Dentro de un orden. Una cosa es adaptar una receta a tus necesidades, y otra, ponerle aguacate a la fabada.

10 cosas que NO debes hacer con la cocina española

Complicarla sin necesidad
Una de las mayores virtudes de la cocina tradicional es su sencillez. Grábatelo a fuego: más ingredientes no es igual a mejor plato.

Racanear con el aceite de oliva
Salvo que lo hagas porque está muy caro. Escatimar por cualquier otro motivo es un crimen contra la gastronomía española.

Usar sólo aceite de oliva
España no es Andalucía, y en la cocina tradicional de otras zonas se usan grasas diferentes. Despreciarlas es feo.

Identificar arroz con paella y sopa fría con gazpacho
Esos dos clásicos están muy bien, pero hay vida más allá de ellos: no olvides el ajoblanco, el salmorejo, los arroces caldosos, en cazuela...

Desdeñar el sofrito
Es el alma de cientos de platos. Saltárselo por vagancia o acelerarlo por las prisas nunca es buena idea.

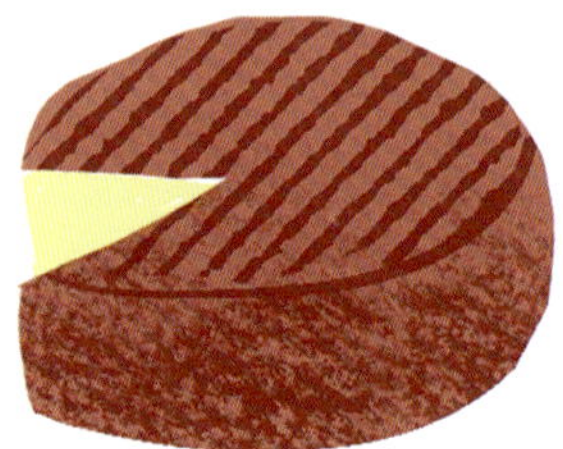

Pensar que cualquier cosa con chorizo es cocina española
Recomendación especial para extranjeros que no saben que los españoles usamos bastante poco el chorizo en la cocina.

Quemar el pimentón
Nuestra especia líder se abrasa con facilidad. Controla el fuego o lo que estés cocinando cogerá un regusto amargo.

Relegar las legumbres al invierno
Históricamente han vivido en sopas y cocidos, sí, pero su uso en ensaladas y platos fríos también es cocina española.

Confundir «freír» y «dorar»
Freír es sumergir en mucho aceite. Dorar es tostar con poco aceite. De nada.

Mancillarla con vinagre de Módena, lechuga iceberg o nata montada de bote
No los uses. No hace falta. Por favor. Te lo suplico.

Tapas y bocadillos

Morcilla de verano

INGREDIENTES
Para 4 personas

- **2 berenjenas grandes**
- **2 cebollas medianas**
- **50 g de piñones**
- **100 ml de vino blanco (o un oloroso)**
- **1 cucharadita de orégano**
- **½ cucharadita de canela**
- **1 clavo machacado (o una pizca de clavo en polvo)**
- **Aceite de oliva**
- **Pimienta negra**
- **Sal**
- **Pan, para acompañar**

Variantes

La berenjena se puede cocinar al horno o en la freidora de aire, picarla y añadirla al sofrito de cebolla, vino y especias casi al final.

Aunque a muchos les parezcan excentricidades del siglo XXI, la morcilla de verano demuestra que los sustitutivos veganos de la carne son más viejos que la tos. Esta tapa tradicional, típica de Murcia, imita el interior de un embutido porcino y no contiene ni un solo ingrediente de origen animal. Claro que los antiguos murcianos que cocinaban esta exquisitez no eran precisamente militantes animalistas, y difícilmente les movía el respeto a los demás mamíferos. El otro nombre por el que se conoce esta tapa, «morcilla de guerra», nos remite más a la necesidad como punto de partida. Cuando el cerdo era un bien al alcance de pocos, preparar algo que se le parece con un alimento barato y abundante en la zona como la berenjena parece una opción sensata.

El periodista y miembro de la Academia de Gastronomía de la Región de Murcia Pachi Larrosa señala un posible origen árabe del plato. Los musulmanes y judíos de la península fueron los que popularizaron el cultivo y consumo de la berenjena en la Edad Media. A partir del siglo XV, cuando los cristianos se impusieron y empezaron a perseguir a los practicantes de otras religiones, montarse trampantojos con ella para imitar una carne prohibida por el islam pudo ser un ardid de los moriscos para esquivar la represión.

Por suerte, ahora podemos abrazar el culto a esta especialidad por otros motivos. Consumir menos carne es bueno para la salud y para el medio ambiente; si lo haces gozando con una delicia como ésta, tu paladar también sale ganando... ¿Y quién puede resistirse al chistecito de llamarla «*mogcilla* de vegano»?

PREPARACIÓN

1. Tostar los piñones en una sartén pequeña a fuego lento, con cuidado de que no se quemen. Reservar unos pocos para la presentación.
2. Mientras, picar la cebolla y ponerla en otra sartén a fuego medio con un chorro de aceite. Rehogar unos 10-15 minutos o hasta que la cebolla se ablande y se empiece a dorar.
3. Con la cebolla en la sartén, pelar las berenjenas y picarlas en trozos pequeños. Añadirlas a la cebolla cuando esté lista, subir un poco el fuego y saltear unos 5 minutos, hasta que la berenjena cambie de color y se ablande.
4. Mojar con el vino y añadir los piñones, el orégano, la canela, el clavo machacado, sal y pimienta. Tapar y dejar que se cocine a fuego suave unos 15 minutos, hasta que esté todo muy blando. Servir con los piñones reservados y un chorrito de aceite por encima, y pan para acompañar.

Sobrasada sin carne

INGREDIENTES
Para unas 4-6 personas

- **150 g de tomates secos (si están en aceite, unos 200 g)**
- **75 g de almendras tostadas**
- **125 ml de aceite de oliva virgen extra**
- **1 puñado de perejil**
- **½ diente de ajo (o 1 si te gusta más potente)**
- **2 cucharadas de pimentón de la Vera (ahumado)**
- **1 cucharada de pimentón picante (opcional)**
- **1 cucharadita de sal**

Variantes

Puedes cambiar el perejil por otras hierbas a tu gusto (orégano, tomillo, romero, albahaca) o añadir alguna especia como comino o hinojo.

Acelerar

Se pueden cambiar los tomates secos por 200 g de tomates secos en aceite bien escurridos. En ese caso, conviene reducir un poco la cantidad de aceite.

Los sucedáneos veganos industriales de productos cárnicos despiertan en mí poco entusiasmo, pero sí estoy dispuesto a abrazar cualquier alternativa casera que me pueda ahorrar comer animales siempre que esté realmente buena. La «sobrasada» sin carne cumple esa condición, y es uno de los falsos embutidos más satisfactorios que conozco.

Este untable de tomate seco y almendra se parece sorprendentemente al original, gracias a la presencia del ajo y el pimentón. ¿Se echa en falta la grasa de cerdo? Puede, pero no tanto si piensas que estás comiendo algo más saludable y cien por cien libre de sufrimiento porcino.

La receta es de Manel García y Hanna Sophie, conocidos en las redes como Addicted To Humus, y la prepararon en un vídeo de *El Comidista* junto a un puré de berenjenas con tahini y un dip de zanahoria asada. Recomiendo visitar su cuenta de Instagram, blog y canal de YouTube, porque proponen un montón de platos veganos tan sencillos como apetecibles.

PREPARACIÓN

1. Rehidratar los tomates sumergiéndolos en agua caliente durante una hora.
2. Escurrirlos bien y ponerlos en la batidora o procesador junto a las almendras, el aceite, el perejil, el ajo, el pimentón dulce, el picante y la sal. Triturar sin pasarse: no hay que hacer un puré.
3. Probar y corregir de sal.

Higos con sobrasada y miel

INGREDIENTES
Para 4 personas

- **Entre 6 y 8 higos, dependiendo del tamaño**
- **Unos 250 g de sobrasada**
- **Almendras tostadas o fritas saladas (opcional)**
- **Miel**
- **Sal**
- **Unas ramas de romero fresco para servir (opcional)**

Veganizar

Cambia la **sobrasada** de cerdo por una **vegetariana** (ver pág 21).

Baleares

Ésta es una receta tan básica que casi no merece tal nombre. Tampoco es demasiado revolucionaria, porque la combinación de ingredientes es casi un lugar común. Sin embargo, creo que vale la pena reivindicarla por dos motivos: primero, porque hasta la persona más incapaz en la cocina puede llevarla a buen puerto, y segundo, porque tomar este aperitivo te lleva a una zona que, a pesar de haber sido castigada por la plaga del turismo masivo, sigue conservando una personalidad única: las Baleares.

Allí todavía queda gente que lucha por mantener vivas la cultura gastronómica de las islas, como Sílvia Anglada y Toni Tarragó. Ambos regentan Es Tast de na Silvia, un pequeño restaurante en Ciutadella en el que defienden a ultranza el producto local y las recetas tradicionales de Menorca. Los higos con sobrasada y miel son uno de los aperitivos que probé en Es Tast en una cena veraniega de 2022, y desde entonces lo suelo hacer en casa cuando esta fruta está en temporada (agosto y septiembre).

El plato no tiene más misterio que el de contar con unos higos maduros, una miel de verdad y una sobrasada que no se convierta en un charco rojo de grasa al calentarla. Por los dioses y las diosas de las Gimnesias y las Pitiusas, intenta hacerte con una mínimamente digna, que no necesitarás mucha y la diferencia será abismal. Ponerle almendra es cosecha propia, pero puedes prescindir de ella sin ningún drama, lo mismo que del romero decorativo.

PREPARACIÓN

1. Calentar el grill del horno o la freidora de aire a 220 °C.
2. Cortar los higos en dos, desde el rabo hasta la base (deben quedar dos partes idénticas).
3. Introducir una almendra en cada uno y cubrir con una cucharadita generosa de sobrasada. Terminar con un poco de miel (será más fácil si la calientas un poco antes).
4. Poner los higos en una bandeja de horno o en el cestillo de la freidora (en este caso, puede que tengas que hacer dos tandas). Cocinar unos tres minutos, o hasta que la sobrasada esté caliente y haya empezado a derretirse.
5. Salar ligeramente y servir en una tabla o una fuente con unas ramas de romero.

Tomates confitados

INGREDIENTES

- **2 kg de tomates pera**
- **2 dientes de ajo**
- **1 cucharadita de tomillo fresco (en su defecto, seco)**
- **1 cucharadita rasa de azúcar**
- **1 cucharadita rasa de sal**
- **Aceite de oliva virgen extra**

Acelerar

Si te quieres ahorrar el pelado, usa tomatitos pera. El tiempo de horneado también bajará, y pueden estar listos en un par de horas o menos.

Aunque la puedes preparar en otros meses, esta receta está pensada para aprovechar la bonanza tomatera estival, y conviene elaborarla en grandes cantidades. El confitado a baja temperatura y el posterior baño en aceite convierte los tomates en algo tan delicioso que vuelan. Se pueden comer solos, con pasta, en ensalada o como te dé la gana, aguantan perfectamente una semana en la nevera y también puedes hacer conserva con ellos o congelarlos.

Si te asustan las tres horas de horno por el facturón de luz, recuerda que este electrodoméstico gasta mucha electricidad al subir hasta temperaturas altas, pero no te dejará en la ruina por llegar a los 90 °C y mantenerse, aunque sea mucho rato (siempre que no te pongas a abrirlo y a cerrarlo para mirar dentro como un histérico/a, claro).

PREPARACIÓN

1. Poner agua a hervir en una cazuela y preparar un bol con agua con hielo.
2. Mientras el agua se calienta, mezclar en un bol el azúcar, la sal, el tomillo, el ajo machacado o picado y tres o cuatro cucharadas de aceite.
3. Quitar el pedúnculo a los tomates y hacerles una pequeña cruz en la base con un cuchillo.
4. Ir metiéndolos en tandas de cuatro o cinco en el agua hirviendo durante unos 10-15 segundos, y pasarlos al agua fría.
5. Una vez escaldados, pelarlos, cortarlos por la mitad y quitarles las pepitas (se pueden aprovechar para untar pan o colarlas para beberse su líquido).
6. Poner los tomates boca abajo sobre una bandeja de horno con papel, y aplastarlos ligeramente con una pala para que se aplanen un poco.
7. Untarlos con el aliño de aceite, ajo y tomillo con una brocha o una cuchara.
8. Meter en el horno a 90 °C. Confitar durante hora y media, darles la vuelta y dejar otra hora y media. Si todavía se ven muy enteros, hornear media hora más, sacar y dejar que se templen.
9. Poner los tomates en frascos y cubrirlos con aceite. Meter una cuchara o espátula por los lados para que no queden burbujas y tapar. Así duran una semana en la nevera.

Marineras

INGREDIENTES
Para unas 8 marineras

- 400 g de patatas aproximadamente
- 2 zanahorias
- 200 g de bonito o atún de lata con su aceite
- 3 huevos
- 1 bote pequeño de picadillo de variantes: pepinillos, zanahoria y coliflor encurtidas (en su defecto, pepinillos en vinagre)
- 2 cucharadas de mayonesa de bote
- Aceite de oliva
- Sal
- 1 anchoa por marinera
- Rosquillas para marineras (en su defecto, cualquier pan tostado)

Variantes

Hay quien pone un poco de ajo a la ensaladilla, y tampoco sería una extravagancia aliñar con limón (o hacer la mayonesa con su zumo en vez de con vinagre).

Acelerar

Puedes cocinar la patata y la zanahoria en un estuche en el microondas: las picas en trocitos pequeños, las pones en un estuche de silicona o similar con tres cucharadas de agua, y las cocinas a máxima potencia unos 8-9 minutos, o hasta que estén hechas. También puedes pasar del circo de la mayonesa y tirar de alguna comprada.

Las marineras son el secreto peor guardado del taperío español. Digo «peor» porque cada vez son más populares fuera de la región de Murcia, el territorio donde nacieron, crecieron y se reprodujeron. Su fama como prodigio del aperitivo comienza a extenderse por España, cosa nada extraña: es difícil no excitarse ante un bocado en el que la ensaladilla rusa al estilo murciano —con encurtidos picados— viaja hasta tus fauces sobre una rosquilla de pan y con una anchoa encima. En cuanto las pruebas, la combinación de cremosidad, crujido, acidez y salado hace que tu cerebro grite «quiero más». Para mí, son la tapa definitiva.

El lugar de nacimiento de las marineras es motivo de eterna disputa entre Murcia capital y Cartagena. Recomiendo a las personas pacíficas que se abstengan de entrar en ese debate: se ahorrarán la turra por tierra, mar y aire de los separatistas cartageneros más recalcitrantes. Lo importante es que las puedes disfrutar en cualquiera de las dos ciudades, además de en muchas otras localidades de la comunidad autónoma.

Mi versión de la ensaladilla murciana es más o menos clásica, pero incorpora algún truquillo para potenciar el sabor y la seguridad: para evitar el huevo crudo, arriesgado siempre en días de calor, preparo la salsa partiendo de mayonesa comprada, y le meto alegría con el aceite de los pescados y el vinagre de las variantes.

Las marineras tienen tres variedades: la bicicleta sólo lleva ensaladilla; el marinero, va con boquerón, y la marinera, con anchoa. En la base, siempre rosquillas de pan alargadas, pero no te frustres si no las encuentras. No será una auténtica marinera, pero la genial combinación de ensaladilla murciana y anchoílla también la puedes disfrutar sobre otro tipo de pan crujiente.

PREPARACIÓN

1. Pelar y cocer las patatas y las zanahorias en agua hirviendo con sal hasta que estén hechas (unos 20-30 minutos, dependerá del tamaño). Ponerlas en un plato y dejar que se enfríen.
2. En la misma agua, cocer los huevos 10 minutos. Sacar, enfriar y pelar.
3. Mientras las patatas y las zanahorias se enfrían, poner la mayonesa en un bol grande. Añadir un par de cucharadas del líquido de las variantes o pepinillos y mezclar bien con unas varillas.
4. Incorporar el aceite del bonito y el de las anchoas poco a poco y remover, hasta obtener una salsa bien ligada. Si espesa mucho, se puede añadir más líquido de las variantes o pepinillos. Tiene que quedar una mayonesa no muy densa. Corregir de sal y vinagre.

5. Picar las patatas —también se pueden aplastar con un tenedor, si se prefiere— y la zanahoria, y ponerlas en un bol. Añadir el bonito o atún desmigado, variantes o pepinillos picados al gusto (entre 50 y 100 g) y los huevos picados. Aliñar con un chorro de aceite de oliva y un poco más de líquido de las variantes o pepinillos.

6. Añadir mayonesa y mezclar hasta obtener una ensaladilla con la consistencia que más guste. Enfriar en la nevera.

7. Montar las marineras con una rosquilla (o pan tostado si no tienes), ensaladilla y un poco de mayonesa por encima. Rematar con una anchoa, que se puede cortar en tres trozos (poniéndolos juntos para que el corte no se vea) para que sea más fácil comer la marinera.

Tostada de habas y rabanitos

INGREDIENTES
Para 4 tostadas

- **Unos 200 g de habas frescas en su vaina**
- **4 rabanitos**
- **50 g de bacalao en salazón**
- **Aceite de oliva virgen extra**
- **4 rebanadas de pan tostado**

Variantes

La combinación también se puede llevar al universo ensalada, con una base de tomate rallado y las habitas crudas, los rábanos, el bacalao desalado y aceite de oliva por encima.

Jaén capital —o Jaén Jaén, como les gusta decir a sus habitantes— es uno de mis sitios de tapeo favoritos del universo. Bendecida por la escasez de turistas, la ciudad no sólo ha conservado como pocas la autenticidad de sus bares y restaurantes, sino que ofrece especialidades propias que no encuentras en otras partes de Andalucía, como la morcilla de caldera, los violetes, las cebollitas fritas o los rossinis.

Una de las delicias del lugar que más me enamora son las habas con rabanitos, cuyo principal acierto es no cocinar la legumbre, sino consumirla cruda. Sus aromas herbáceos permanecen intactos al no pasar por la cazuela o la sartén, y combinan a la perfección con el frescor levemente picante de los rábanos y la salinidad intensa del bacalao, también intacto de cocción. El insuperable aceite de la provincia y un pan de miga blanca y densa redondean el milagro de una tapa sorprendente.

En La Barra, un lugar que nadie que pase por Jaén debería dejar de visitar, sirven los ingredientes en un plato sin mezclar, y yo lo único que hago aquí es transformar el concepto en una deliciosa tostada. Las habitas de la zona son pequeñas y tiernas, pero como semejante lujo no es accesible en todas las regiones de España, doy una solución opcional para aprovechar también las grandes.

PREPARACIÓN

1. Sacar las habas de las vainas y separar las pequeñas de las grandes. Si se quieren usar estas últimas, escaldarlas en agua hirviendo con sal un minuto, pasarlas por agua fría y pelarlas.
2. Cortar los rabanitos en rodajas o cuartos.
3. Picar el bacalao en trozos muy pequeños.
4. Montar las tostadas poniendo habas, rabanitos y miguitas de bacalao a modo de sal. Regar generosamente con un buen chorro de aceite de oliva virgen extra.

De la posguerra al *zero waste*: el arte de aprovecharlo todo

A los españoles nos encanta decir que en España se come muy bien. Lo que no decimos tanto, por desconocimiento o por vergüenza, es que en España también se desperdicia muy bien. Según datos del Ministerio de Agricultura, en 2022 se tiraron a la basura 65 kilos de comida en cada hogar. Más de un millón de toneladas de alimentos se fueron de nuestras casas a los vertederos sin pasar por nuestros aparatos digestivos. Un 73 % eran productos sin elaborar, y el 27 %, restos de platos ya cocinados.

Son cifras vergonzantes, ante las que caben muchas preguntas: ¿por qué despilfarramos tanto? ¿Cómo es posible que arrojemos a un cubo cosas que nos han costado dinero sin aprovecharlas? ¿Nos hemos convertido en una especie de Georginas forradas y caprichosas, a las que les sobra hasta la paletilla de ibérico? ¿O despilfarrar es algo inevitable en el mundo contemporáneo?

Antes de fustigarnos por tirar una zanahoria pocha o dar cristiana sepultura al medio limón chuchurrío que llevaba tres semanas en la puerta de la nevera, habría que recordar la existencia de factores ambientales que nos empujan a desperdiciar. El primero es la forma en que compramos la comida. Hace décadas, lo normal era adquirirla con frecuencia y en cantidades pequeñas en tiendas y mercados, mientras que hoy se impone una compra más grande para periodos más largos en el súper o hipermercado. Este modelo favorece que nos hagamos con comida que al final acabaremos tirando, porque al pasar los días se pondrá «mala» cual pobre huerfanita abandonada en la nevera. Por si fuera poco, la profusión de ofertas tentadoras y la presión de la publicidad calientan aún más el guiso de la compra innecesaria en cantidades excesivas.

La falta de tiempo o el cansancio, males crónicos del siglo XXI que afectan a amplias capas de la población trabajadora, también juegan en contra. Si tu jornada laboral y tus obligaciones familiares no te dejan hueco temporal —ni mental— para planificar, organizar, cocinar o reaprovechar, la probabilidad de que algunos alimentos que has comprado acaben en la basura se dispara, y lo mismo ocurre con las sobras de platos ya cocinados. ¿Puedes echarle la culpa al capitalismo de que el pollo que habita en tu nevera huela a cadáver? Puedes. Siempre que la horita en que pudiste haberlo cocinado no te la pasaras mirando Instagram, claro.

Otro factor importante es la desinformación alimentaria. Muchas personas no saben la diferencia que hay entre fecha de consumo preferente (el producto pierde cualidades a partir de entonces, pero no tiene por qué estar necesariamente en mal estado) y fecha de caducidad (tíralo de inmediato si ha pasado). Los conocimientos en conservación tampoco abundan. O lo mandamos todo a la tundra siberiana metiéndolo en el frigorífico —incluido lo que no hay que meter, como los plátanos, las cebollas, los tomates, las patatas o el pan de molde—, o distribuimos mal los alimentos en el susodicho: la leche en la puerta o las carnes y pescados fuera de los cajones más fríos son ejemplos clásicos.

> **¿Puedes echarle la culpa al capitalismo de que el pollo que habita en tu nevera huela a cadáver? Puedes**

Unas pocas nociones básicas bastan para alargar la vida útil de muchos alimentos dentro del frigorífico: poner las fresas y otras frutas delicadas o la lechuga lavada dentro de un táper con papel de cocina arriba y abajo; meter las verduras de hoja sin lavar y las raíces como zanahorias o rábanos en bolsas de plástico, y las berenjenas, calabacines, pepinos o pimientos, al aire en el cajón correspondiente; envolver el pescado y la carne en papel de cocina, y después ponerlo dentro de un recipiente hermético en el lugar más frío de la nevera; poner el pan cortado en rebanadas en bolsas de cierre hermético, meterlo en el congelador y descongelarlo en el tostador cuando se necesite.

Aparte de intentar comprar menos más veces, sacar tiempo de las piedras o culturizarnos un poco en la conservación, podemos usar la cocina como arma para despilfarrar menos comida. En este terreno, una mirada al pasado no viene mal, porque si alguien sabía de *zero waste* antes de que se llamara así eran nuestras abuelas, bisabuelas y tatarabuelas.

La durísima posguerra española, y antes que ella, la precariedad económica en la que vivía buena parte de la población de este país, obligaron a las encargadas de gestionar la cocina en los hogares —las mujeres— a aplicar una serie de técnicas para sacar partido hasta al último gramo de comida disponible. Algunas iban encaminadas a exprimir al máximo los alimentos, utilizando partes presuntamente desechables de los mismos para sopas, guisos u otras preparaciones: el **caldo de porretos** (ver pág. 98) sería un buen ejemplo. Otras fórmulas tiraban de imaginación para dar nueva vida a restos de platos o productos previamente procesados, con el objetivo de estirarlos y seguir llenando los estómagos de la tropa: es lo que hoy se conoce como «cocina de aprovechamiento».

Los actos de reciclaje culinario de nuestras antepasadas recibieron el nombre de croquetas, torrijas, migas, sopa de ajo, empanadillas, canelones o pringá, y muchos han ascendido con honores al top de superéxitos de nuestra gastronomía. También existen casos menos conocidos fuera de sus lugares de origen, como los **repápalos** (pág. 185), el **almogrote** (pág. 36) o el **morrococo** (pág. 35), que reutilizan el pan duro, el queso seco o los restos del cocido con resultados brillantes. Podemos decirlo con orgullo: una de las cosas que mejor ha hecho la cocina popular española ha sido reciclar.

Reciclajes culinarios de nuestras antepasadas son ahora superéxitos, como la croqueta o la torrija

El espíritu *aprovechategui* tradicional puede tener continuidad en prácticas más modernas de «cero desperdicio». Si congelas en una bolsa con zip todos los sobrantes de las hortalizas —desde la parte verde del puerro hasta las pieles de la cebolla, pasando por las vainas de los guisantes o las habas—, los podrás usar para preparar el mejor caldo de verduras de tu vida en la olla rápida. Cuando tengas almacenada una buena cantidad, basta con ponerla sin descongelar en la olla, cubrirla con agua, añadir una hoja de laurel, un poco de pimenta en grano y una pizca de sal. Esperas a que alcance presión alta y en unos 20 minutos lo tendrás listo. Esta práctica vale exactamente igual para cualquier resto de carne o de pescado.

Las peladuras de las patatas se transforman fácilmente en chips con la magia de la freidora de aire, con las hojas de la zanahoria se puede hacer pesto o tortilla, y las de la remolacha cocidas y aliñadas están igual de buenas que las acelgas. El tallo del brócoli o la coliflor, pelado y cortado en láminas finas, es delicioso en crudo: con algo de poesía gastrobotánica, el cocinero Rodrigo de la Calle lo llama «el tuétano de las verduras».

Las recetas clásicas de aprovechamiento nacieron de la necesidad en tiempos de penuria; las moderneces *zero waste* no sólo ayudan a ahorrar, sino que descubren nuevas texturas y sabores. Pero además de esas motivaciones, una económica y otra gastronómica, existe otra razón por la que practicarlas con entusiasmo. Según la Organización de las Naciones Unidas para la Alimentación y la Agricultura (FAO), el desperdicio alimentario causa entre el 8 y el 10 % de las emisiones de gases de efecto invernadero, y contribuye activamente a agravar el mayor problema al que se enfrenta la humanidad en estos momentos: la emergencia climática.

Más de la mitad de ese desperdicio no se produce ni en los cultivos o granjas, ni en las fábricas, ni en los supermercados, ni en los restaurantes, sino en nuestras casas. Es cierto que se puede señalar a todos los hogares por igual. De la misma forma que contaminan más, los ricos derrochan más alimentos que la mayoría de la población, algo que no se nos debería olvidar a la hora de repartir culpas medioambientales. Pero ésa no es excusa para seguir tirando comida: es urgente que todos convirtamos el desperdicio en un hecho excepcional.

Morrococo o puchero mareado

INGREDIENTES
Para unas 4-6 personas

- **400 g de garbanzos cocidos**
- **1 cebolla**
- **3 cucharadas de tomate frito o salsa de tomate**
- **2 cucharaditas de comino**
- **1 cucharadita de pimentón dulce**
- **2 cucharadas de zumo de limón (opcional)**
- **Aceite de oliva virgen extra**
- **Sal**
- **Agua o caldo de cocer los garbanzos**

Variantes

Como el humus, el morrococo admite cualquier guarnición sólida que se le quiera poner el centro: cebolla frita o tostada, tomatitos confitados, carne picada especiada pasada por la sartén, unos simples garbanzos aliñados con aceite de oliva y chile en polvo... o unos torreznos si quieres vivir al límite.

Firme candidato a plato con mejor nombre de este libro —y mira que hay competencia—, el morrococo es una rareza en un país que históricamente ha asociado las legumbres a los potajes contundentes, aunque alguna relación tiene con ellos, ya que nació como plato de aprovechamiento de los garbanzos que sobraban del cocido. Típico de Jaén y también conocido como «garbanzos mareaos» o «puchero mareao», se trata de un untable ideal para ser tomado de aperitivo con cualquier pan.

Por su formato y composición recuerda inevitablemente al humus, y no deja de resultar paradójico que, mientras la crema de garbanzos de Oriente Próximo se ha convertido en un plato de consumo extendido en toda España, el morrococo no lo conozca ni el tato fuera de Jaén. La versión tradicional no lleva limón, pero a mí me gusta ponérselo porque aligera la pastufla. No he encontrado ninguna explicación sobre el origen de su extraña denominación: existe otro morrococo en Soria, pero es una especie de sopa brutal elaborada con sangre de cerdo y especias.

PREPARACIÓN

1. Picar la cebolla y ponerla en una sartén con una pizca de sal y un chorro generoso de aceite a fuego medio-bajo. Rehogar removiendo de vez en cuando.
2. Unos 20 minutos después, añadir los garbanzos y el comino, y subir el fuego a medio. Rehogar unos 5 minutos.
3. Aplastar los garbanzos con un cucharón o espumadera hasta formar una pasta. Salar ligeramente y cocinar un par de minutos más.
4. Sumar el tomate frito y el pimentón, un chorro de agua o caldo y seguir mezclando y aplastando. Ir añadiendo agua o caldo de cocer los garbanzos hasta obtener una crema espesa, pero no demasiado pastosa.
5. Añadir el zumo de limón si se quiere, mezclar y corregir de sal.
6. El morrococo se puede tomar así o triturar si se quiere más fino. Servir caliente, templado o frío con un poco de pimentón por encima y un chorrito de aceite.

Almogrote

INGREDIENTES
Para unos 300 g de almogrote

- **200 g de queso curado, preferiblemente un poco seco**
- **1 ñora o 1 cucharadita de pulpa de ñora**
- **1 cucharadita de pimentón picante o guindilla seca muy picada**
- **1 cucharadita de tomate concentrado**
- **½ diente de ajo**
- **70 ml de aceite de oliva**

El almogrote canario no es la única preparación de aprovechamiento con queso de la gastronomía española: el tupí catalán o el gaztazarra vasco nacieron con la misma intención de dar nueva vida a piezas que se habían quedado demasiado duras para ser consumidas con cierto placer. Sin embargo, mientras sus primos norteños se transforman en otro tipo de queso con un triturado y una simple adición de agua o aguardiente, el almogrote es un producto algo más culinario, que incorpora nuevos actores como el ajo, el aceite o la guindilla.

Sus orígenes son difusos, pero el parentesco con el almogrote, definido en el *Tesoro de la lengua castellana o española* de Covarrubias (1611) como «cierta salsa que se haze de azeite, ajos, queso y otras cosas», parece clara. Esta preparación, presente en el recetario de los judíos de la península antes de su expulsión y que se ha mantenido después en la cocina sefardí, desapareció de las mesas españolas, pero su nombre, con una ligera mutación, se siguió usando en La Gomera para denominar una pasta o crema untable con ingredientes similares.

Para conseguir un almogrote con pedigrí, deberías contar con un queso isleño y pimienta palmera, un tipo de guindilla propio de Canarias. No tenerlos a mano no debería frenarte, porque puedes preparar algo bastante similar con un buen queso curado, ñora y pimentón picante. Aviso importante: mi receta es extraordinariamente suave en lo que al ajo respecta. Si quieres más potencia, sube la cantidad y fin del drama.

PREPARACIÓN

1. Si se usa la ñora entera, sumergirla en agua caliente para que se rehidrate.
2. Rallar el queso o triturarlo con un robot de cocina potente.
3. Majar el ajo con el pimentón, el tomate y la pulpa de la ñora en un mortero. Añadirlo al queso.
4. Mezclar poco a poco con el aceite hasta que se forme una pasta granulosa pero ligada. Se puede comer inmediatamente, pero está mejor si lo dejas reposar un día en nevera. Servir con pan tostado para untar.

Bocadillo de bonito y guindillas verdes

INGREDIENTES
Para 1 bocadillo

- **Unos 100 g de bonito en aceite**
- **4 anchoas**
- **6 piparras u otras guindillas verdes en conserva**
- **¼ de cebolleta**
- **Mayonesa**
- **Vinagre**
- **Pan**

Variantes

Puedes usar atún o caballa en conserva en vez de bonito, y nadie te podrá decir nada si invitas a la fiesta a unas rodajas de tomate, unos pepinillos o unas aceitunas rellenas.

Si estuviera en el corredor de la muerte y me permitieran elegir un bocadillo para mi última cena, probablemente pediría el de bonito y piparras. Este espécimen, avistado con relativa frecuencia en los bares del País Vasco y Navarra, me da toda la excitación que necesito cuando busco una comida rápida, gracias a su acertadísima mezcla de grasa, sal, acidez y el picante de las susodichas guindillas verdes encurtidas.

La cebolleta no suele estar presente en la fórmula, pero creo que es una excelente compañera para el bonito, la anchoa y la piparra. El cuarteto funciona como un reloj en el pincho Induráin, variante de la gilda creada en la Bodega Donostiarra de San Sebastián, así que no veo motivo para no incluirla en el bocata. Potenciar la jugosidad con unas aceitunas rellenas de anchoa tampoco es ninguna mala idea: en realidad, todos los encurtidos hacen buenas migas con las conservas de pescado azul.

PREPARACIÓN

1. Cortar la cebolleta a pluma (como en juliana, pero desde la base de la cebolla a la punta) y ponerla en un bol con un buen chorro de vinagre y otro de agua fría, para que pierda potencia.
2. Si se prepara la mayonesa en casa, usar el aceite del bonito y el de las anchoas.
3. Quitar los rabos a las piparras.
4. Abrir el pan con un cuchillo y untarlo con mayonesa.
5. Formar una capa con bonito y repartir encima las anchoas las piparras. Cerrar y tomar inmediatamente.

Brascada

INGREDIENTES
Para 1 persona

- **1 filete de ternera**
- **2 lonchas de jamón serrano**
- **¼ de cebolla**
- **Aceite de oliva**
- **Sal**

Puede que el chivito, con su lomo de cerdo, su queso y su huevo frito, sea el rey de los bocadillos valencianos, pero hay algo en la simplicidad de la brascada que me llega más dentro. En este genial invento, un filete a la plancha, un poco de cebolla salteada y unas lonchas de jamón forman un trío con un poder que supera el de muchos bocatas contemporáneos, que juegan a la acumulación de ingredientes y acaban pareciendo rebuscados.

Como en casi todas las preparaciones parcas en componentes, la calidad de los mismos y la soltura técnica a la hora de cocinarlos marca la diferencia entre un éxito y un resultado regulero. Todo nuestro esfuerzo en este terreno se debe centrar en el filete, porque con la cebolla y el jamón es más difícil fracasar. Si damos con una carne tierna y conseguimos no recocerla en la sartén, el resto de la brascada será coser y cantar.

PREPARACIÓN

1. Cortar la cebolla en juliana y dorarla en una sartén con un buen chorro de aceite de oliva a fuego medio alto. Cocinar unos 5-10 minutos removiendo de vez en cuando, hasta que esté dorada. Cuando la cebolla esté hecha, bajar el fuego y mantenerla al calor.
2. Calentar otra sartén o plancha a fuego vivo. Untar el filete con un poco de aceite y, cuando la sartén esté muy caliente, pasarla entre 30 segundos y 1 minuto por un lado, y el mismo tiempo, por el otro. Poner en un plato y bajar a fuego medio.
3. Pasar el jamón por la sartén unos segundos por cada lado, lo justo para que coja calor. Colocar en el plato de la carne.
4. Por último, pasar el pan por la sartén para que se caliente y se empape de la grasa de la carne y el jamón.
5. Montar el bocadillo con la carne, la cebolla y su aceite, y el jamón. Comer inmediatamente.

Tortizorza

INGREDIENTES
Para 4 personas

Zorza

- **500 g de cabecero de lomo de cerdo**
- **½ diente de ajo**
- **1 cucharadita de pimentón dulce**
- **½ cucharadita de pimentón picante**
- **1 cucharadita de orégano**
- **2 cucharadas de aceite de oliva**
- **½ cucharadita de sal**
- **1 tortilla de patatas (ver pág. 164) u 8 huevos y patatas fritas de bolsa**
- **Aceite de oliva**
- **Sal**
- **Pan para hacer 4 bocadillos**

Variantes

Este bocadillo se puede convertir en plato sacando el pan de la ecuación. La tortilla también puede ser de calabacín, espinacas o berenjenas para aligerar, aunque te arriesgas a que en Galicia te declaren persona non grata.

El tortizorza pertenece a la mejor estirpe de bocadillos brutales españoles, esos que sacian el hambre con la misma contundencia que excitan el paladar. Es un bocadillo de tortilla de patatas y zorza, una carne de cerdo adobada con pimentón y ajo típica de Galicia. Nació en los noventa en el bar Raíces Galegas de Santiago de Compostela, y su consumo a primera hora del día –o última de la noche, dependiendo de qué sean para ti las 6 de la mañana– se ha convertido desde entonces en un ritual para madrugadores y noctámbulos de la ciudad gallega.

Descubrí el tortizorza gracias al periodista Anxo F. Couceiro, que escribió unas bellas palabras sobre él en *El Comidista*: «La tortilla es un alimento hogareño, maternal; y la zorza, fuego empedrado. Por una parte, el sujeto que sale hasta las 7 quiere animalizarse; pero por otra también quiere que lo cuiden. Como la tortilla implica una vuelta a casa, con su correspondiente mimo de nostalgia, abriga las borracheras decadentes de los estudiantes en ese ocaso medio lúcido, pero también feroz, que decide sumergir la ebriedad en un atracón».

Mi versión casera propone una vía oficial (tortilla de patatas + zorza), pero también otra exprés con huevos revueltos y patatas fritas de bolsa, pensada especialmente para cualquier persona que tenga zorza en casa y decida hacerse un bocata a horas intempestivas.

PREPARACIÓN

1. Picar la carne con un cuchillo afilado en trozos pequeños. Mezclarla con el ½ diente de ajo picado o majado en un mortero, el pimentón dulce, el picante, el orégano, el aceite de oliva, la sal y un par de cucharadas de agua. Guardar la zorza en un táper hermético y dejarla en la nevera un mínimo de 24 horas.
2. Poner una sartén a fuego medio alto con un chorrito de aceite. Saltear la zorza hasta que cambie de color y esté hecha (el tiempo dependerá del tamaño de los trozos; si son más bien pequeños, son 3 o 4 minutos). Reservar.
3. Si se va a usar tortilla de patatas, calentarla si es necesario. Si se van a usar huevos, en la misma sartén a fuego medio-bajo, hacerlos revueltos con un poco de sal, sin dejar que cuajen demasiado. Mezclarlos con unas cuantas patatas fritas desmigadas.
4. Cortar el pan por la mitad y calentarlo un poco en la sartén o en un tostador. Poner en una mitad del pan la tortilla de patatas o los huevos revueltos y la zorza por encima. Tapar con la otra mitad y comer inmediatamente.

Clotxa

INGREDIENTES
Para 1 bocadillo

- **½ pan redondo mediano, tipo payés.**
- **3 tomates (a poder ser, tomates de colgar o tomacó)**
- **1 sardina arenque, arengada o de barril en salazón**
- **Aceite de oliva virgen extra**

Variantes

Si quieres potenciar el verdurismo, puedes incorporar **asadillo** (ver pág. 144) al bocadillo.

Acelerar

Algo parecido a la *clotxa* se puede preparar asando los tomates en la freidora de aire y usando lomos de sardina limpios en salazón.

La *clotxa* es un bocadillo primitivo, pero en absoluto un fósil. Aunque proviene del pasado agrícola de las *Terres de l'Ebre*, donde los campesinos la llevaban al campo para aguantar las duras jornadas en los cultivos, no sólo se sigue preparando en esta zona de Tarragona y en el Priorat, sino que ha sido redescubierta por personas que no han tocado una azada en su vida. El motivo es sencillo: su combinación de sabores funciona hoy igual de bien que hace cien años, tanto para labriegos como para urbanitas.

En su fórmula más básica, la *clotxa* es parca en ingredientes –pan, tomate a la brasa, sardina en salazón y aceite de oliva–, aunque hay quien le añade ajo, pimiento o berenjena asados, butifarra o cordero a la brasa o incluso aceitunas. La hogaza sirve como plato: se corta por la mitad, se le quita la miga, se pone el relleno y se vuelve a poner la miga a modo de tapón. El resultado es la enésima demostración de cómo la cocina popular crea maravillas sin necesidad de materias primas lujosas ni procedimientos enrevesados.

La receta es cortesía de Carmen Ferrer y Manolo Sanmartín, dueños de la bodega Bàrbara Forés en Gandesa. No se me ocurre forma mejor de acompañar este protobocata que con uno de sus fantásticos vinos.

PREPARACIÓN

1. Asar los tomates a la brasa hasta que la piel se haya tostado ligeramente y hayan perdido parte de su agua, unos 20 minutos. También se puede hacer en el horno con la función grill, cuidando que no se quemen.
2. Pasar la sardina arenque por la brasa o el horno brevemente, 1 o 2 minutos.
3. Sacar la miga del pan y calentarlo boca abajo sobre la brasa o en el horno.
4. Rellenar el pan con los tomates y aplastarlos con un tenedor.
5. Quitar las escamas a la sardina. Añadir su carne desmenuzada, lo más limpia de espinas posible, desechando la cabeza y las tripas.
6. Rociar muy generosamente con aceite de oliva, tapar con la miga y servir.

Cocarrois

INGREDIENTES
Para unos 14-16 cocarrois

Masa

- **500 g de harina**
- **100 g de manteca (en su defecto, mantequilla)**
- **1 cucharada de manteca colorada o 1 cucharadita de pimentón (opcional)**
- **125 g de aceite de oliva**
- **125 g de agua**

Relleno

- **½ coliflor (unos 250 g)**
- **200 g de acelgas**
- **100 g de pasas sin pepitas**
- **1 cucharadita de pimentón dulce**
- **Aceite de oliva**
- **Pimienta negra**
- **Sal**

Variantes

La masa se puede hacer perfectamente con harina integral, usando la misma cantidad (o mitad integral, mitad blanca). El relleno admite las verduras, frutos secos, carnes y pescados que te apetezca poner: barra libre total.

Veganizar

Cambia la manteca o mantequilla por aceite, reduciendo un poco la cantidad (unos 200 g).

Si repasas este libro y eres un poco perspicaz, te darás cuenta de que apenas hay masas. Podría justificarlo cascándome un discurso sobre lo poco adecuadas que resultan para los tiempos que vivimos, o excusándome por su dificultad, el tiempo que llevan, el Cristo que montas en la cocina cuando las preparas, la alta probabilidad de fracaso si no tienes práctica con ellas... pero seré sincero. Me dan una pereza que me muero, y prefiero dejarlas en manos más hábiles que las mías.

Los *cocarrois superiors*, unas empanadas típicas de Mallorca, son la excepción y, ¿a que no adivinas por qué? Bingo: porque su masa es tirada de hacer. No requiere ni fermentación, ni masa madre, ni formado, ni todas esas cosas que espantan a la gente vaga o cagaprisas, y es facilísima de manipular por la generosa cantidad de manteca —o mantequilla, si lo prefieres— y aceite que lleva. Como empanadas, cuentan con otra virtud: no hay que cocinar el relleno, y basta con picar las verduras que se te antojen para tenerlo listo.

En realidad, el único reto culinario que plantean los cocarrois es el repulgue, es decir, el doblado en ondas del cierre de la empanada, con el que adquieren su cresta característica. Pero no sufras, porque estarán igual de buenos tanto si te sale regular como si directamente pasas de hacerlo. La idea de añadir manteca colorada se la he cogido prestada a Tomeu Arbona, ilustre panadero de El Fornet de la Soca en Palma de Mallorca. Es opcional, pero el pimentón le da un bonito colorcillo al cocarroi.

PREPARACIÓN

1. Derretir la manteca o la mantequilla y la manteca colorada si se usa, y mezclarla con el aceite de oliva, el agua y media cucharadita de sal. Si no se ha usado manteca colorada, a la masa se le puede poner también el pimentón.
2. Ir añadiendo harina y mezclando con una cuchara. Amasar con las manos unos cinco minutos hasta obtener una masa blanda pero compacta, poniendo un poco más de harina si es necesario.
3. Picar fino la coliflor y las acelgas y ponerlas en un bol. Añadir las pasas, el pimentón dulce, un chorro de aceite, pimienta negra y sal. Mezclar bien.
4. Coger un trozo de masa de unos 60 gramos, amasarla un poco con las manos y después formar una bolita con él. Repetir el proceso con toda la masa.
5. Calentar el horno a 180 °C.

6. Extender una bolita sobre una superficie enharinada y estirarla bien con un rodillo hasta obtener un disco de unos 2 o 3 mm de grosor. Cortar con un cortapastas redondo si se es perfeccionista para obtener discos perfectos, aunque no es estrictamente necesario.
7. Poner una cucharada colmada de la mezcla de coliflor y acelgas y cerrar la empanada. Hacerle el cierre tradicional con el dedo pulgar y el índice si se quiere.
8. Repetir el proceso con todas las bolitas, e ir poniendo los cocarrois en una bandeja de horno cubierta con papel de ídem. Hornear unos 45 minutos o hasta que los cocarrois hayan cogido un leve color dorado.

Empanadillas rápidas con tres rellenos

INGREDIENTES

Para 8 o 12 empanadillas de cada relleno

- 8-12 obleas de empanadillas para cada uno de los rellenos
- Aceite de oliva (si se van a freír)
- Huevo batido (si se van a hornear)

Relleno de atún, tomate y huevo

- 200 g de atún en escabeche
- 4 anchoas
- 6 cucharadas de tomate frito
- 2 huevos cocidos
- 2 cucharadas de cualquier salsa picante (opcional)
- Sal

Relleno de calabaza y cabrales

- 350 g de calabaza
- 100 de cabrales o cualquier queso azul
- 4 cucharadas de avellanas picadas
- Mantequilla
- Sal y pimienta negra recién molida

Relleno de crema de chorizo

- 200 g de queso crema
- 100 g de chorizo picado de buena calidad
- 1 cebolla
- Aceite de oliva
- Sal y pimienta negra

Versión vegetariana

Cambia el atún y las anchoas del primer relleno por pimientos del piquillo y aceitunas, y el chorizo del tercer relleno, por tomates secos y ajo en polvo.

¿Son las empanadas argentinas las nuevas cotorras? Es algo que me pregunto cuando veo los tres millones de establecimientos dedicados a su venta que han abierto en España en los últimos años. Dios me libre de pecar de xenofobia —argentinos y argentinas, *you're welcome*, siempre—, y aplauso hasta con las orejas para las buenas empanadas australes —como las de Rekons en Barcelona, por ejemplo—, pero la omnipresencia de esta especialidad me empuja a identificarla como una especie tan invasora como los pajarracos verdes.

En el fondo, lo que me da rabia del *boom* de las empanadas horneadas es que se ha producido en paralelo a la extinción de las fritas. Las que se hacían en tantas casas con obleas de La Cocinera. Las de Móstoles. ¿Por qué hemos renunciado a ellas? Supongo que la fascinación por lo foráneo y el menosprecio a lo propio, tan españoles ambos, no ha jugado a su favor. Aunque también han podido influir otros factores ambientales y técnicos, como la mala prensa dietética de los fritos, el engorro de la preparación o la necesidad de ser consumidas al momento (aunque a mí, como pervertido, me gusten también frías).

En cualquier caso, son un tesoro que muchos guardamos en nuestra memoria gustativa, y que no se puede perder. Por eso propongo prepararlas con tres rellenos que se hacen en un pispás y que compensan el esfuerzo de la fritanga. Puedes elegir uno, dos o lanzarte con los tres. A regañadientes doy la opción de hornearlas, por si algún asceta quiere renunciar al inmenso placer de zamparse una masa crujiente y aceitosa.

PREPARACIÓN

1. Para el **relleno de atún picante**, poner en un bol el atún desmigado, el tomate y, si se quiere, la salsa picante. Picar las anchoas y añadirlas junto con algo de su aceite. Mezclar.
2. Añadir los huevos cocidos picados y mezclar. Corregir de sal.
3. Para el **relleno de calabaza y cabrales**, cortar la calabaza en dados pequeños, salpimentarla y saltearla en una sartén con mantequilla a fuego medio hasta que se ablande.
4. Pasarla a un bol y mezclarla con el queso azul y las avellanas picadas.
5. Para el **relleno de crema de chorizo**, picar la cebolla y pocharla en una sartén a fuego medio con aceite de oliva y una pizca de sal.

6. Mientras, picar fino el chorizo. Cuando la cebolla esté blanda, añadirlo. Después de que haya soltado parte de su grasa y teñido de rojo la cebolla, añadir el queso crema, mezclar bien, retirar del fuego y dejar que se temple.
7. Poner una cucharada de relleno en el centro de las obleas de empanadilla, sin pasarse porque no se podrán cerrar bien. Doblarlas y cerrarlas presionando con un tenedor.
8. Si las empanadillas se van a freír, poner aceite en una sartén a fuego medio. Cuando esté caliente, introducir las empanadillas y esperar a que adquieran un color dorado claro. Sacar y dejar escurrir sobre un plato con papel de cocina.
9. Si se preparan al horno, pintarlas con huevo batido y hornear a 200 °C unos 15-20 minutos o hasta que estén doradas.

Ensaladas

Pipirrana de Jaén

INGREDIENTES
Para 4 personas

- **1,5 kg de tomates rojos**
- **1 pimiento verde**
- **1 diente de ajo**
- **2 huevos**
- **Aceite de oliva virgen extra, a poder ser picual**
- **2 latas de atún al natural**
- **Sal**

Variantes

A la pipirrana se le puede poner cebolla, pepino o incluso patata cocida, y cambiar el atún por bonito o caballa. Para una versión más suavecita, cortar el diente de ajo por la mitad, frotar con él el recipiente y dejarlo entero en la mezcla para que dé sabor sin que te lo tengas que comer.

Andrajos, ajoatao, ajo harina, migas ruleras, panetes, papajotes, galianos, choto al ajillo... Jaén tiene muchas cosas buenas, y los platos con nombres maravillosos son una de ellas. En el caso de su pipirrana, hay que aplaudir además otras virtudes: esta ensalada de tomate pariente del gazpacho es impecablemente sana, fresca, ligera y perfecta para los sofocones veraniegos. Una obra maestra de la cocina de los pobres, que en el campo le daban fuerte a la verdura mientras los señoritos comían carne.

La pipirrana tiene múltiples variantes en Andalucía, Castilla-La Mancha, Extremadura o Murcia, y en uno de mis libros anteriores ya publiqué una versión para estómagos sensibles. Ésta es la genuina de Jaén, cuya receta me enseñó Ana María Gutiérrez, creadora del muy recomendable blog *Cocinando entre olivos*. El ritual manda que se prepare en un cuenco de madera de olivo llamado «dornillo», que se usa a modo de mortero, pero si no lo tienes no te frustres porque la pipirrana saldrá igual de buena.

PREPARACIÓN

1. Cocer los huevos.
2. Majar en el dornillo, si se tiene, el ajo, un trozo del pimiento verde y un poco de sal. Si no se tiene dornillo, hacerlo en un mortero y poner después la mezcla en el bol en el que se vaya a servir la pipirrana.
3. Pelar los huevos y separar las claras de las yemas. Añadir las yemas al majado y mezclar.
4. Ir añadiendo aceite de oliva y mezclando con el mazo del mortero hasta obtener una salsa.
5. Pelar los tomates. Picarlos en trozos pequeños y añadirlos con todo su jugo al dornillo o bol.
6. Picar las claras y el resto del pimiento. Sumarlo al tomate y mezclar bien. Dejar reposar unas horas en la nevera.
7. Servir con el atún por encima.

Ensalá de limón

INGREDIENTES
Para unas 4-6 personas

- **2 o 3 cebolletas dependiendo del tamaño**
- **2 limones**
- **3 huevos**
- **2 cucharaditas de comino en grano**
- **½ diente de ajo (opcional)**
- **2 naranjas (opcional)**
- **150 ml de aceite de oliva virgen extra**
- **100 ml de agua**
- **Sal**
- **Pan para acompañar**

Variantes

Si quieres preparar la ensalada como en Villanueva de los Infantes, añade un poco de ajo tierno picado a la cebolla, prescinde del huevo y el comino y rebaja con agua fría.

La *ensalá* de limón es un invento tan refrescante como extraño. No sabes si es una ensalada o una sopa, está protagonizado por un ingrediente que casi nunca interpreta el papel principal y, al contrario que la mayoría de las especialidades regionales, no es típico de una zona, sino de una localidad concreta, sin que apenas se consuma en las más cercanas (aunque en Villanueva de los Infantes, a casi 100 kilómetros, se toma una ensalada parecida).

El municipio en cuestión es Alcázar de San Juan, en Ciudad Real, donde se rinde culto a la *ensalá* en la feria de principios de septiembre. Por sus ingredientes y técnica, ésta parece emparentada con los gazpachos, y algunos medios locales le atribuyen un origen campesino como plato de subsistencia en los tórridos veranos manchegos.

La presencia de limón, cebolla o cebolleta, comino y aceite de oliva es obligatoria, pero a partir de ahí cada alcazareño o alcazareña hace la ensalada como quiere, o como le enseñaron sus progenitores, porque las recetas pasan de generación en generación. Con toda humildad y sin ánimo de ofender a nadie, mi fórmula sugiere la incorporación de naranja a modo de guarnición, porque creo que su dulzor contrasta bien con la acidez del limón.

PREPARACIÓN

1. Cocer los huevos 10 minutos en agua hirviendo con sal. Pelarlos y separar las yemas de las claras.
2. Machacar en un mortero el comino con el ajo si se usa.
3. Picar fino la parte blanca de las cebolletas y ponerla en un bol.
4. Pelar los limones, cortarlos por la mitad y exprimirlos con la mano sin dejarlos secos del todo sobre otro bol.
5. Picar fino la pulpa de los limones y mezclarla con la cebolleta. Salar.
6. Poner las yemas desmigadas en el bol del zumo de limón, y añadir unos 100 ml de agua fría. Batir con unas varillas e ir añadiendo el aceite de oliva poco a poco, hasta obtener una salsa ligada.
7. Juntar la salsa con la cebolleta, la pulpa de limón y el majado de comino. Mezclar bien y corregir de sal. Si está muy espeso, añadir un poco de agua fría y mezclar otra vez.
8. Repartir la clara de huevo picada por encima. Tapar y meter en la nevera hasta que esté bien frío.
9. Servir si se quiere con gajos de naranja pelada a lo vivo (sin pieles) y un chorrito de aceite extra por encima. Comer mojando pan.

Cojondongo del gañán

INGREDIENTES
Para 4 personas

- **3 tomates maduros**
- **1 pepino**
- **½ pimiento verde**
- **12 uvas blancas**
- **50 g de miga de pan**
- **100 g de pan, a poder ser del día anterior**
- **1 diente de ajo**
- **4 cucharadas de aceite de oliva virgen extra**
- **2 cucharadas de vinagre de Jerez**
- **Sal**

Variantes

Se puede añadir pimiento rojo y cebolleta, y rematar con huevo cocido o un poco de jamón picado. Las uvas se pueden sustituir por melón picado.

Por su nombre dirías que es una pieza de casquería —o algún tipo de suspensorio, si tienes la mente calenturienta—, pero el cojondongo del gañán es un plato cien por cien vegetariano, fresco y ligero. Enésima vuelta de tuerca al aprovechamiento del pan duro, fue comida de agricultores y pastores en tiempos pasados, y hoy se toma sobre todo en la comarca de Tierra de Barros, en Badajoz.

El cojondongo no sólo es un ejemplo vivo de la mejor cocina popular extremeña, sino también del maravilloso léxico culinario de la comunidad, rico en expresiones como «chirrichofla» (fritada de carne y embutidos), «escurraja» (sobras), «lambucear» (comer un poco de todo) o «languiñoso» (mustio). Sus ingredientes lo emparentan claramente con el gazpacho, pero a diferencia de la sopa fría, aquí los tomates, el pepino y el pimiento no se majan ni se trituran. Por eso lo incluimos en el capítulo de ensaladas, aunque se pueda tomar tranquilamente con cuchara. Mi receta se preocupa por los estómagos sensibles usando poco ajo y suavizando el pimiento con un ligero encurtido, y recupera la antigua costumbre de tomarlo con uvas.

PREPARACIÓN

1. Cortar el pimiento verde en trozos de bocado. Ponerlo en un bol y añadir agua, sal y vinagre para que pierda potencia. Dejarlo reposar un mínimo de 15 minutos.
2. Hidratar la miga de pan con agua.
3. En un mortero machacar el ajo con una pizca de sal. Añadir el pan escurrido y majar hasta que quede una masa. Si no tienes mortero, se puede triturar con batidora en un vaso.
4. Agregar el aceite de oliva y ligar bien. Añadir el vinagre de Jerez y sal.
5. En un bol grande poner los tomates cortados, el pepino pelado y picado, el pimiento escurrido y el pan seco cortado en pellizcos. Añadir el aliño y mezclar. Corregir de sal y de vinagre.
6. Poner encima las uvas cortadas por la mitad y despepitadas, y servir.

Ensalada de pimientos y bonito

INGREDIENTES
Para 4 personas

- **300 g de pimientos del piquillo en conserva**
- **300 g de bonito en aceite (a poder ser, ventresca)**
- **1 cebolleta**
- **3 dientes de ajo**
- **1 cucharada de cebollino picado**
- **100 ml de aceite de oliva virgen extra**
- **Vinagre**
- **Sal**

Variantes

Puedes usar pimientos frescos, asándolos previamente en la freidora de aire 20 minutos a 200 °C o 40 en el horno a la misma temperatura, y bonito fresco, confitándolo en aceite de oliva a fuego muy suave, lo justo para que se cocine.

Que me perdonen los chefs famosos, pero la mayoría de sus libros de cocina no me resultan muy útiles. O sus recetas no están bien revisadas, o su nivel de exigencia culinaria me parece inalcanzable. Supongo que, en este último caso, tratan de mostrar lo que hacen en sus restaurantes, lo que es tan lícito como enseñar a hacer huevos fritos (y seguramente más interesante para personas con un nivel avanzado en la cocina). Ahora bien, como cocinillas de a pie, prefiero las recetas no demasiado complejas, de eficacia probada y pensadas para un entorno doméstico. Y este género, por desgracia, no hay mucho cocinero estrella que lo practique.

Naturalmente, hay excepciones: los recetarios de Martín Berasategui, Carme Ruscalleda o José Andrés; *La comida de la familia*, de Ferran Adrià, y algunos otros. De entre todos ellos, tengo especial cariño a *Las recetas de mi casa*, de Andoni Aduriz. El chef de Mugaritz no puede dejar de ser vasco, y en sus platos veo cosas que me recuerdan a la comida de casa de mis padres. Además, creo que Aduriz recorre el descenso desde la alta cocina de vanguardia hasta el territorio de lo casero sin perder la elegancia, conservando el cuidado por el detalle pero evitando las complicaciones engorrosas. A sus platos no se les deshilachan las costuras como a la ropa para H&M de un diseñador famoso: siempre están buenísimos. Esta ensalada, adaptada de su libro, tiene pocos ingredientes, pero armonizan tan bien que el resultado es orgiástico.

PREPARACIÓN

1. Escurrir los pimientos sobre un colador.
2. Cortar la cebolla en juliana y cubrirla en un bol con vinagre y agua fría a partes iguales para que pierda fuerza.
3. Pelar y cortar en láminas los dientes de ajo.
4. Poner el aceite de oliva en una sartén grande con los ajos a fuego suave. Cuando estén dorados, retirarlos y reservarlos.
5. Repartir los pimientos en la sartén y freír a fuego medio unos 10 minutos. Dar la vuelta y freír 10 minutos más. Sacar y reservar.
6. Poner en un plato dos terceras partes de los pimientos. Añadir dos terceras partes del bonito troceado con las manos y de la cebolleta. Repetir el proceso con la tercera parte restante de pimientos, bonito y cebolleta, y decorar con cebollino picado y los ajos fritos.

Empedrat

INGREDIENTES
Para 4 personas

- **400 g de judías blancas cocidas**
- **2 tomates**
- **100 g de sardinillas en aceite**
- **½ cebolleta**
- **½ pimiento verde**
- **Aceitunas negras**
- **Aceite de oliva virgen extra**
- **Vinagre**
- **Pimienta negra**
- **Sal**

Variantes

Puedes cambiar las sardinillas por bacalao desalado o caballa en aceite, y las alubias, por garbanzos. También se pueden usar tomatitos en vez de tomate.

Veganizar

Las sardinillas se pueden sustituir con algas en conserva.

Cataluña

Frente a la absurda pero arraigada creencia de que las legumbres son un alimento pesado e invernal, las ensaladas con alubias, garbanzos o lentejas se alzan como una gran opción para los meses templados o cálidos. «Come legumbres todo el año, a poder ser varias veces por semana» es un mantra que nos deberíamos grabar en la cabeza, porque no tienen más que ventajas: son saludables, económicas y mil veces más sostenibles que la carne como fuente de proteínas. ¿Que dan pedos? No tantos si las comes con frecuencia y acostumbras a tu aparato digestivo.

El *empedrat* catalán es uno de los escasos ejemplos de cocina tradicional con legumbres en frío, acompañada por una combinación de ingredientes estelar que compensa a la perfección la cremosidad algo pastosa de las judías. Para eso están ahí el acuoso tomate y la crujiente cebolla, con el contrapunto salado de las aceitunas y el bacalao. Aviso de que mi *empedrat* reemplaza este último ingrediente por sardinas: quienes lo prefieran tradicional, que vuelvan al *bacallà dessalat*. Si encuentras *mongetes* pequeñas o del *ganxet*, tírate a por ellas porque son perfectas para este plato.

PREPARACIÓN

1. Picar la cebolleta y el pimiento y dejarlos en remojo un mínimo de 20 minutos en agua con vinagre, para que pierdan fuerza y resulten menos indigestos.
2. Pelar los tomates y cortarlos en dados pequeños. Deshuesar un buen puñado de aceitunas negras.
3. Para montar el plato, poner en un bol las judías blancas cocidas y mezclarlas con las aceitunas, la cebolleta, el pimiento y el tomate. Aliñar con el aceite de oliva, sal y pimienta.
4. Terminar con las sardinillas y servir.

Los 10 mandamientos de la ensalada

La ensalada es la categoría culinaria más democrática. No exige ni conocimientos ni práctica, normalmente se compone de ingredientes asequibles, y para preparar una ni siquiera te debe sobrar el oro de este siglo, que es el tiempo. Ahora bien, todas esas facilidades esconden un peligro: creer que con ella todo vale.

Entender las ensaladas como simples combinaciones aleatorias de cualquier cosa que se pueda comer fría es un error frecuente. Otro consiste en caer en el «más es más»: cuantos más ingredientes le ponga, mejor estará. Aunque probablemente el mayor malentendido con este plato es la asociación al adelgazamiento, una idea nefasta que se suele traducir en desabridos platos «de dieta» tan poco apetitosos que podrían ir etiquetados con el hashtag #castigo.

Una ensalada fresca, alegre y equilibrada no demanda una inteligencia prodigiosa para su elaboración, pero tiene más ciencia de la que se le presupone. Aquí tienes algunos consejos para convertirte en un ninja ensaladero, salir para siempre del aburrimiento de la triste lechuga aliñada y brillar cual tomate bañado por aceite de oliva virgen extra.

1. Escurrirás las verduras

¿Quieres que tu ensalada quede insípida? Ponle una lechuga bien mojada, que ya se encargará ella de aguachar el aliño y arruinar el plato. No soy nada amigo de los gadgets de cocina superfluos, pero el centrifugador de ensaladas es un instrumento básico para dejar la verdura bien escurrida. Tampoco hace falta que te pases con él: las hojas no son sábanas que necesiten un programa de 1.200 revoluciones por minuto. Plan B si no dispones de dicho artefacto: secar en lo posible las hojas con un paño limpio o un papel de cocina. Plan C para zánganos y sinvergüenzas: ensalada de bolsa que venga limpia.

2. Pensarás en la armonía de los ingredientes

Una ensalada no es mejor porque le pongas mil cosas: no hay nada más horrible que esos batiburrillos de veinte ingredientes acumulados sin ton ni son, que además de lechuga, tomate y cebolla lleve atún, piña, manzana, remolacha, pasta, queso, jamón, surimi, mejillones y un bacalao entero si se tercia. Es mucho más inteligente reunir unos pocos ingredientes bien avenidos, buscando contrastes de texturas y sabores. La suma de componente jugoso + cremoso / pastoso + crujiente casi siempre funciona, a la vez que juntar sabor suave + intenso y salado + ácido + dulce.

3. Saldrás de la ensalada de siempre

«Ensalada» no es igual a «lechuga, tomate, cebolla, cuatro aceitunas y unas migas de atún». Todo un elenco de ingredientes te está esperando para alegrarte la vida: frutos secos picados, legumbres cocidas, pescados en conserva, quesos, hierbas aromáticas... Lo mismo con los aliños: el sota (aceite), caballo (vinagre) y rey (sal) está muy bien, pero hay cientos de variantes posibles con especias, salsas envasadas, vinagres de sabores, miel, mostazas, verduras picadas muy finas, limón o zumos de otras frutas. ¿Que insistes en que lo tuyo es la **ensalada mixta**? Me parece perfecto, pero entonces dale la importancia que merece (ver pág. 68).

4. Trabajarás con tus manos

Las ensaladas de este siglo buscan un aspecto natural, y la mejor forma de conseguirlo es trocear las verduras con las manos (asumo que somos adultos y entendemos que esto no vale para frutos y otros ingredientes que sí requieren cuchillo). Recuerda que no todos los humanos tienen la boca como un buzón de correos, así que prescinde de hojas enteras y corta los ingredientes en pedazos que se puedan comer sólo con el tenedor. Si quieres ser el nuevo Jamie Oliver remueve la ensalada con las manos para lograr que el aliño moje por completo los ingredientes, pero hazlo con suavidad y sin marearla demasiado, que si no la convertirás en una plastorra.

5. Tendrás cuidado con la cebolla, el ajo y el pepino

La cebolla puede alegrar cualquier ensalada... pero también puede ocultar el sabor de todos sus compañeros (y sentarnos como un tiro a los que tenemos el estómago sensible). Para desbravarla y hacerla más digestiva, conviene picarla y dejarla un rato en agua fría con vinagre. El pepino es otra verdura peligrosa: se lleva bien con el tomate, pero cuando lo juntas con otros competidores se pone bastante agresivo y no le gusta nada quedar relegado a un segundo plano. La forma más segura de acertar con él es dejarlo solo y vestirlo, por ejemplo, con una vinagreta de salsa de soja o un aliño de yogur y limón. ¿Y el ajo? Una pequeñísima dosis puede ir bien en una ensalada de pimientos o tomate, pero en otros casos, cuando quiero que su sabor esté presente froto el bol con un diente cortado por la mitad. Así el plato sabe ligeramente a ajo, pero no tienes «recuerdo de ensalada» 10 horas después.

6. Mantendrás el orden

Drama del primer mundo: te curras la ensalada, te queda muy bonita, y cuando la aliñas y la remueves, todos los ingredientes pequeños y pesados (los frutos secos, las legumbres) se te van abajo, con lo que ni se ven ni el primero en ser servido los prueba. Solución fácil: reserva una parte—entre la mitad y un tercio— de dichos ingredientes para añadir en el último momento, una vez que has aliñado y removido.

7. Huirás de los topicazos

¿Rulo de cabra? No. ¿Rulo de cabra caramelizado o rebozado? Menos. ¿Reducción de vinagre de Módena? Prefiero morirme en este mismo instante. Di no a estos clichés, que en las últimas décadas han hecho mucho daño a las ensaladas y que —recemos por ello— pronto caerán en el olvido.

8. Cuidarás las presentaciones (pero no te pasarás)

Por el colorido y el volumen que mantienen los alimentos crudos, las ensaladas permiten lucirse con el emplatado con más facilidad que los platos cocinados. Aprovecha esta circunstancia vigilando que todos los ingredientes se vean, no queden aplastados y cojan cierta altura, pero jamás sacrifiques la comodidad a la hora de comer por una presentación bonita. Esto va por vosotras, personas desalmadas que servís ensaladas con hojas u otros elementos enteros en trozos gigantes porque quedan cuquis y obligáis al comensal a usar el cuchillo.

Una ensalada no es mejor porque le pongas mil cosas: evita los batiburrillos de ingredientes sin ton ni son

9. Dirás no a las cutreces

Sé que esto es muy personal, pero para mí no existe mejor detector de ensaladas malas que la aparición de determinados ingredientes. Ejemplos: la lechuga que vino de los experimentos del KGB en las tundras heladas del Círculo Polar Ártico, también conocida como «iceberg». La remolacha y la zanahoria en conserva cortada en juliana. Las aceitunas negras insípidas sin hueso. El maíz de lata. La pasta recocida. Los palitos de cangrejo (salvo que los piques y los mezcles con paladas de mayonesa, que entonces se convierten en ambrosía). Si cambias todos estos horrores por ingredientes frescos o envasados sencillos pero dignos, todo irá mejor.

10. No pensarás que las ensaladas sólo son para el verano

Puede que una sopa nos apetezca más que una ensalada en un gélido día de febrero. Pero restringir este tipo de plato al verano no sólo es una mala idea desde un punto de vista nutricional, sino que nos impedirá gozar de muchos ingredientes en crudo que están en su momento óptimo en estaciones más frías. Además, en invierno consumimos otros alimentos a temperatura ambiente sin que nos parezca nada extraño. ¿O es que pasas por la sartén la fruta, el yogur, el pan o los dulces?

Ensalada de remolacha y mandarina

INGREDIENTES
Para 4 personas

- **Unos 400 g de remolachas crudas o cocidas**
- **10 o 12 mandarinas dependiendo del tamaño**
- **150 g de queso de cabra que se pueda desmenuzar o queso azul**

Vinagreta

- **1 cucharada de vinagre de Jerez**
- **Aceite de oliva virgen extra**
- **Pimienta negra**
- **Sal**

Variantes

Para una versión más festiva, se puede rematar con piñones o almendras tostadas y alguna hierba fresca picada por encima, como cebollino u hojas de hinojo.

Veganizar

Sustituir el queso de cabra o azul por uno de anacardos.

La remolacha es un ingrediente injustamente relegado a un segundo plano en la cocina española. Ausente de cualquier receta clásica, últimamente ha asomado la cabeza en ensaladas, gazpachos y salmorejos, pero lo más habitual es que se consuma aliñada sin muchos miramientos. Las malas versiones recocidas o en vinagre que se venden en los supermercados no han ayudado a elevar su prestigio, y muchas personas la desprecian sin darle la más mínima oportunidad.

Hay dos formas de reconciliarse con ella. La primera es comprarla fresca y cocinarla en casa al punto, a poder ser en el horno o freidora de aire. La segunda es combinarla con ingredientes que destaquen sus virtudes y limen sus asperezas, como los cítricos. La naranja, la mandarina o el pomelo frenan el regustillo terroso de la remolacha, y su suave acidez contrasta con el dulzor de la raíz. Igual de satisfactorio es el contraste de colores, que alegra la mesa más soporífera. Si aliñas con vinagre de Jerez y aceite de oliva virgen extra y rematas con un queso de cabra o azul, platazo asegurado.

PREPARACIÓN

1. Si se usan remolachas frescas, lavarlas bien, untarlas con aceite de oliva, envolverlas en papel de aluminio y asarlas en freidora de aire o en el horno a 200 °C unos 45 minutos (si son grandes puede que necesiten algo más). Dejar enfriar y pelar.
2. Picar las remolachas en trozos de bocado. Pelar y picar las mandarinas en trozos de tamaño similar, reservando media.
3. Poner en un bote o en un bol el zumo de la media mandarina, el vinagre, seis cucharadas de aceite de oliva, pimienta negra y sal. Agitar o batir hasta que emulsione.
4. Juntar las remolachas y las mandarinas en una fuente o bol sin menearlas demasiado, para que la mandarina no se manche mucho. Verter la vinagreta por encima y terminar con el queso desmigado.

Ensalada mixta premium

INGREDIENTES
Para 4 personas

- **150 g de lechuga (cualquier tipo de hoja tierna)**
- **50 g de hojas amarillas de escarola**
- **2 tomates maduros**
- **8 yemas de espárragos blancos en conserva**
- **2 huevos**
- **1 lata (unos 80 g) de caballa en aceite**
- **¼ de cebolleta**
- **1 diente de ajo**

Vinagreta

- **1 cucharada de mostaza**
- **1 cucharada de vinagre de Jerez**
- **Vinagre**
- **Aceite de oliva virgen extra**
- **Sal**

Variantes

Se puede añadir patata cocida, aceitunas deshuesadas, bonito en vez de caballa y **tomates confitados** (ver pág. 24) además de tomate fresco.

No ha habido ensalada más popular en España que la mixta. Ni tampoco más maltratada, porque en demasiadas ocasiones lo que llega a la mesa cuando pides una es un batiburrillo compuesto de lechuga iceberg, tomate insípido, cebolla y lo que el cocinero pille por ahí, rematado en el peor de los casos con un chorretón de crema de vinagre balsámico. Tan mancillado está su nombre que casi ha desaparecido de los restaurantes de cierto nivel, perviviendo sólo en la reserva india de los menús del día sin pretensiones.

Es una pena, porque una buena ensalada mixta es un arranque fantástico para una comida que, con su frescura y su variedad de ingredientes, nunca aburre. El cocinero David de Jorge la reivindicó hace años en su programa de televisión en Euskal Telebista, proponiendo una versión tan cuidada como lujuriosa; la mía es más simple, pero atiende al mismo objetivo: recuperar la dignidad de un plato de lo más placentero.

PREPARACIÓN

1. Cortar la cebolleta en juliana y ponerla en un bol pequeño con un buen chorro de vinagre y agua, para que pierda fuerza.
2. Cocer los huevos durante 7 minutos en agua hirviendo suave (así la yema quedará cremosa). Pasar por agua fría y pelar.
3. Preparar la vinagreta juntando la mostaza, el vinagre de Jerez, 6 cucharadas de aceite de oliva, 1 cucharada del aceite de la caballa y sal.
4. Pelar los tomates y picarlos en trozos de tamaño de bocado.
5. Cortar el ajo en dos trozos y frotar con él la fuente en la que vayamos a servir la ensalada.
6. Mezclar la lechuga, la escarola y la cebolla bien escurrida en un bol, y aliñar con dos terceras partes aproximadamente de la vinagreta. Ponerlo todo en la fuente.
7. Poner por encima el tomate, la caballa en trozos, los espárragos y los huevos cortados por la mitad, y terminar con el resto de la vinagreta.

Pío antequerano

INGREDIENTES
Para 4 personas

- **500 g de bacalao desalado**
- **3 naranjas grandes**
- **½ cebolla roja o cebolleta**
- **150 g de aceitunas negras**
- **2 huevos**
- **1 cucharada de vinagre de Jerez**
- **Cebollino picado (opcional)**
- **Vinagre**
- **Aceite de oliva**
- **Sal**

Variantes

Si aumentas la cantidad de naranja, reduces la de bacalao desalado y lo picas finamente, puedes usarlo en crudo.

Veganizar

Prescinde del huevo y sustituye el bacalao por tomates secos.

Las ensaladas con naranja son bastante comunes en la Andalucía oriental, especialmente en las provincias de Málaga y Granada. El cultivo centenario de esta fruta en la zona, la existencia de variedades no demasiado dulces o la herencia andalusí pueden explicar su presencia en platos salados tradicionales, como la ensalada malagueña, el remojón granadino, el mojete de Alhaurín o la ensaladilla arriera. También se usa como sustituta del tomate en una versión cítrica invernal de la porra antequerana.

De Antequera viene este pío, muy similar al remojón, que se distingue de sus otras primas hermanas por no llevar ni patata ni tomate. En una explicación más poética que etimológica, el escritor local Juan Alcaide de la Vega aseguraba en el libro *Gastronomía antequerana* que su nombre «está bien puesto, ya que es apta incluso para que la tome un pajarito». Ligera, fresca y ejemplar en su combinación de texturas y sabores, para mí es simplemente la ensalada de invierno perfecta.

PREPARACIÓN

1. Cortar la cebolla a pluma (en juliana), ponerla en un bol con un buen chorro de vinagre y cubrirla con agua fría. Dejarla en remojo mientras se prepara el resto del plato para que pierda fuerza.
2. Deshuesar las aceitunas.
3. Cocinar el bacalao en la freidora de aire unos 5 minutos a 200 °C o cocerlo en agua a punto de hervir. No se tiene que cocinar mucho: en el momento en el que se le noten las lascas, sacarlo de la freidora de aire o del agua y enfriar.
4. Cocer los huevos en agua hirviendo durante 7 minutos, para que la yema quede cremosa. Sacar, enfriar y pelar.
5. Pelar y picar las naranjas. Ponerlas en un bol con el bacalao desmigado con las manos y la cebolla bien escurrida. Aliñar con el vinagre de Jerez, aceite de oliva y sal si el bacalao no está muy salado, y remover.
6. Poner la ensalada en una fuente, repartir las aceitunas por encima y terminar con los huevos cortados por la mitad, un chorrito extra de aceite y, si se quiere, cebollino picado por encima.

Xató

INGREDIENTES
Para 4 personas

- **1 escarola**
- **Unos 75 g de bacalao desalado**
- **Unos 75 g de atún en aceite**
- **4 anchoas**
- **8 aceitunas negras deshuesadas**
- **8 aceitunas arbequinas (u otras verdes deshuesadas)**

Ingredientes para la salsa

- **100 g de almendras tostadas**
- **100 g de avellanas tostadas**
- **1 anchoa**
- **2 o 3 rebanadas de pan (unos 100 g)**
- **1 diente de ajo**
- **4 ñoras (o 4 cucharaditas de pulpa de ñora)**
- **Vinagre**
- **Aceite de oliva virgen extra**
- **Sal**

Variantes

A la salsa se le puede poner tomate de colgar, galleta María o guindilla, y el atún puede ser salado en vez de en aceite.

Veganizar

Cambiar los pescados por pimiento rojo asado o tomates secos, y eliminar la anchoa de la salsa.

No suelo recordar la primera vez que probé un plato, pero por algún motivo tengo grabado en el cerebro mi estreno con el *xató* en un restaurante de Sitges, hace ya un par de milenios. Acostumbrado a considerar la escarola como un castigo, me debió de impresionar que alguien hubiera sido capaz de transformarla en semejante exquisitez, bañándola en la mejor salsa posible para domar su amarga rudeza.

Además de Sitges, otras dos localidades de la provincia de Barcelona (Vilanova i la Geltrú y Vilafranca del Penedès) y una en Tarragona (El Vendrell) se disputan la paternidad de esta ensalada, que sus habitantes ponen en práctica en distintas formas con sutiles variaciones. Lo que casi siempre se repite es la salsa roja espesa de frutos secos y ñora, hermana del **romesco** (ver pág. 246); el bacalao desalado, las anchoas, el atún y las aceitunas. Aunque algunos *xatós* ponen el acento en el pescado, el mío lo relega a un papel secundario en beneficio de la verdura y la salsa. Hay quien disfruta con las hojas verdes exteriores de la escarola, pero si eres hipersensible al forraje, mejor cíñete a las amarillas del centro.

PREPARACIÓN

1. Si se usan ñoras secas, escaldarlas en agua hirviendo hasta que estén blandas.
2. Tostar el pan y ponerlo en remojo en vinagre.
3. Para la salsa, triturar en un mortero o con batidora las almendras, las avellanas, las ñoras despepitadas o su pulpa, la anchoa, el ajo y sal.
4. Incorporar el pan escurrido y triturar. Ir añadiendo poco a poco aceite de oliva (unos 100 ml) hasta formar una salsa. Corregir de sal y vinagre.
5. Desechar las hojas más duras y verdes de la escarola y trocear el resto. Mezclar con el bacalao y el atún desmigados y aliñar con la cantidad de salsa que apetezca.
6. Terminar con las anchoas y las aceitunas.

Ensalada viejuna de endivias actualizada

INGREDIENTES
Para 4 personas

- **2 endivias verdes**
- **2 endivias rojas (en su defecto, también verdes)**
- **1 manzana**
- **4 rabanitos**
- **40 g de nueces picadas**
- **Aceite de oliva**

Ingredientes para la salsa

- **4 cucharadas de yogur**
- **40 g de queso azul**
- **½ naranja**
- **Pimienta negra**
- **Sal**

Las endivias con roquefort hicieron furor en la España de los ochenta y noventa. En un país cuyas ensaladas rara vez salían de la lechuga y el tomate, las endivias se sentían como una novedad exótica, y el queso francés, como un alimento lujoso. La forma de «barquita» de las hojas permitía, además, presentaciones rimbombantes muy del gusto de la época, que pronto se recargaron con otros elementos «festivos» como las pasas, la manzana, las nueces o el salmón ahumado.

Todo lo que es moda pasa de moda, y después del inevitable abuso de la fórmula, esta empezó a verse como anticuada con la llegada del siglo XXI. Sin embargo, la combinación de endivia, lácteo salado y fruta sigue funcionando, por lo que no deberíamos desecharla por viejuna. Dándole una vuelta, se puede continuar disfrutando de ese equilibrio entre amargor, cremosidad, dulzor y crujiente que fascinaba hace décadas, y que hoy posee todo el encanto de lo retro.

PREPARACIÓN

1. Triturar el yogur, el queso azul, el zumo de la media naranja, pimienta y una pizca de sal. Tiene que quedar una crema ligera: si se ve muy espesa, añadir algo más de zumo.
2. Pelar la manzana, picarla en trozos y untarla con aceite de oliva.
3. Picar las endivias y cortar en láminas los rabanitos.
4. Juntar las endivias, la manzana, la mitad de los rabanitos y la mitad de las nueces, y mezclarlas con el aliño.
5. Rematar con el resto de los rabanitos y las nueces y un chorrito de aceite de oliva.

Variantes

Si quieres una salsa más suave, el queso se puede sustituir por mayonesa con un poco de mostaza. La naranja, la mandarina, la granada o las uvas también quedan bien en esta ensalada.

Veganizar

Usa yogur de soja y una cucharada de levadura nutricional en la salsa.

Gazpachos, sopas y cremas

Ajoblanco malagueño

INGREDIENTES
Para 4 personas

- 150 g de almendras crudas
- 100 g de almendras tostadas sin piel (o 100 g más de almendras crudas)
- ½ diente de ajo
- 3 cucharadas de vinagre de Jerez
- 100 ml de aceite de oliva virgen extra
- Agua muy fría
- Sal
- Melón o uvas picadas (opcional)

Puede que el gazpacho sea más frescachón, pero el ajoblanco tiene una elegancia única. De aspecto inmaculado, textura sedosa y sabor sutil, para mí es un monumento de la cocina popular española, construido con poquísimos ingredientes —almendra, ajo, aceite de oliva y vinagre— y difícil de mejorar por mucho que le pongas más. Nunca me canso de tomarlo, y siempre que se acaba pienso: «¿por qué no habré hecho el doble?».

El ajoblanco es especialmente popular en Málaga, Cádiz y Extremadura, aunque la fórmula de esta comunidad es diferente: puede incluir huevo, tomate o pepino y excluir la almendra en favor del pan. Mi receta se acerca más al canon malagueño, aunque me salgo un poco de la norma con las almendras tostadas —quien quiera permanecer en la ortodoxia, que las use sólo crudas— y racaneo bastante con el ajo: lo siento pero no creo que necesite más.

Como en todas las recetas de escasos componentes, la técnica marca la diferencia. A lo largo de los años he probado distintas formas de prepararlo, y creo que la mejor es ésta, con el triturado intenso de las almendras y el ajo primero en seco y luego con muy poca agua como pasos imprescindibles. Así no hace falta añadir pan para dar textura al ajoblanco, aunque puedes hacerlo si te apetece.

PREPARACIÓN

1. Poner en un vaso batidor o en un robot de cocina las almendras con el ajo. Triturar a conciencia hasta que quede totalmente reducido a polvo.
2. Mojar con un poco de agua (lo justo para cubrir) y volver a triturar a fondo tres o cuatro minutos. Se tiene que formar una pasta lo más homogénea posible.
3. Añadir medio litro más de agua fría y batir.
4. Sumar más o menos la mitad del aceite, el vinagre y sal y volver a batir. Repetir la operación con el resto del aceite. Probar y corregir de vinagre y sal. Si está muy espeso, se puede añadir un poco más de agua. Si se ve muy ligero, más aceite.
5. Guardar en la nevera y dejar que se enfríe bien. Servir con un chorrito de aceite por encima y melón o uvas picadas como guarnición.

Gazpacho de cilantro

INGREDIENTES
Para 4 personas

- **200 g de pan (puede ser del día anterior)**
- **Un manojo de cilantro (unos 50 g)**
- **Unas ramas de menta o hierbabuena (unos 20 g)**
- **Un diente de ajo**
- **4 cucharadas de vinagre de Jerez**
- **150 ml de aceite de oliva suave**
- **Sal**
- **Pepino como guarnición (opcional)**

Variantes

Este gazpacho permite invitar a la fiesta a otras hierbas aromáticas al gusto: albahaca, perejil, estragón, orégano o cebollino. En vez de pepino lo puedes acompañar con gambas marinadas o cocidas.

¿Cilantro? ¿Pero éste no era un recetario español? Lo es, y aquí viene el notición: esta hierba aromática no sólo se usa en la cocina tradicional canaria (ver el **mojo verde** en la pág. 246), sino también en algunas zonas de Extremadura y la Andalucía más occidental. De hecho, en el pasado era muy común en toda la península, pero por algún motivo perdió popularidad y desapareció de la mayor parte del territorio, en beneficio del más neutro —y sosillo— perejil.

Este gazpacho es típico de Huelva, donde la hierba se conoce como «culantro» y se usa en ensaladas como el picadillo o en guisos como los chocos. Completamente precolombino en sus ingredientes al no llevar ni tomate ni pimiento, lo conocí gracias a Miriam García, que rescató la receta del libro *La cocina de Huelva* para *El Comidista*. Desde entonces lo practico con asiduidad cada verano, porque es fresco, bonito y original. No engañaré a los cilantrófobos: no será vuestro gazpacho favorito. Pero prometo a los que toleran esta hierba que disfrutarán, y mucho, con el descubrimiento.

PREPARACIÓN

1. Poner el pan en un bol y mojarlo con unos 700 ml de agua fría.
2. Picar el cilantro y juntarlo con las hojas de la menta.
3. Triturar el pan con su agua, el cilantro, la menta, el ajo, el vinagre de Jerez y ½ cucharadita de sal.
4. Añadir el aceite poco a poco sin dejar de triturar. Corregir de sal y de vinagre y meter en la nevera.
5. Servir bien frío con un chorrito de aceite por encima. Está muy bueno con pepino picado como guarnición.

Gazpacho clásico

INGREDIENTES
Para 4 personas

- **1 kg de tomate pera muy maduro**
- **1 pepino**
- **½ diente de ajo**
- **1 trozo pequeño de pimiento verde**
- **3 cucharadas de vinagre de Jerez**
- **Aceite de oliva virgen extra**
- **Sal**

Variantes

Sin que ningún andaluz te vea, puedes añadir al principio un puñado de almendras crudas para dar textura, o aromatizar ligeramente el gazpacho con una pizca de comino.

Acelerar

Si tienes prisa, puedes reducir a una hora el macerado de las verduras o suprimirlo del todo.

Cuando en España decimos «gazpacho» a secas, solemos entender que hablamos del gazpacho de tomate. Es decir, a la sopa fría típica de Andalucía y Extremadura, una de las distintas variantes que esta preparación ha tenido a lo largo de la geografía y la historia de España, y en la actualidad, la más popular. Las discusiones acerca de los ingredientes del gazpacho son casi tan frecuentes como las de la paella, pero, afortunadamente, más relajadas. Se suelen centrar en si lleva pan y cebolla, y en si se pueden llamar «gazpachos» a las sopas similares que incluyen frutas o verduras que no sean el tomate, el pimiento y el pepino.

Mi fórmula no se lía con los ingredientes y mantiene un perfil bastante canónico, porque prefiero incidir en la preparación, que para mí es aún más esencial. ¿Puedes conseguir un buen gazpacho juntando todos los ingredientes, triturando y dejándote de historias? Puede que sí. Pero si aspiras a la excelencia, vale la pena complicarse un pelín la vida, porque con una gota de esfuerzo extra el resultado será notablemente mejor. Por eso me tomo la molestia de separar las semillas, macerar las verduras, emulsionar con el aceite y colar. Porque así, aunque los tomates con los que cuente no sean espectaculares, la técnica logra que el gazpacho me dé todo el placer que merezco.

PREPARACIÓN

1. Preparar dos boles y poner un colador sobre uno.
2. Quitar los pedúnculos a los tomates con un cuchillo. Romperlos con las manos sobre el bol con colador para que las semillas caigan sobre él, e ir dejando los trozos de tomate en el otro bol.
3. Raspar con una cuchara las semillas para que suelten todo su líquido. Desecharlas y juntar el líquido que hayan soltado con los trozos de tomate.
4. Añadir el pepino pelado y picado (se le puede quitar la zona de las semillas para suavizar aún más su sabor), el ajo, el pimiento verde, el vinagre de Jerez, un chorro de aceite de oliva y sal. Mezclar y dejar reposar en la nevera tapado hasta el día siguiente.
5. Triturar a fondo el gazpacho con batidora o en un robot de cocina. Mientras se tritura, añadir unos 100 ml de aceite de oliva poco a poco, para que la sopa coja cuerpo. Pasar por un chino o colador para eliminar las pieles del tomate, corregir de vinagre y sal y dejar que se enfríe bien en la nevera.
6. Servir con un chorrito de aceite por encima y, si se quiere, tomate y pepino picado y trocitos de pan tostado.

La receta del gazpacho no existe

Cuando un cocinero famoso o un gran medio anglosajón publica en las redes sociales su receta de un plato tradicional español, haz palomitas y prepárate para disfrutar del espectáculo. El festival de los gastrofendidos no tardará en comenzar en los comentarios, donde el autor o autora será crucificada con toda clase de objeciones a los ingredientes, cantidades o técnicas utilizadas.

Uno de los pollos más recientes lo vivimos con el «*best* gazpacho» de *The New York Times* en Instagram, firmado por Julia Moskin. Hubo seguidores que le reprocharon el uso de cebolla, otros criticaron la falta de pan o la escasez de tomate, y los más tiquismiquis se enfurruñaron con el colado de la sopa. Mi comentario favorito fue el del seguidor que, sin miedo a equivocarse, proclamó que «el mejor gazpacho es el del The French Laundry, en California». A lo que otra seguidora al quite contestó: «¿O quizá el de España, de donde es originario?»

Las cantidades de la receta de Moskin podían ser discutibles, pero en general su propuesta respetaba bastante el canon de lo que por aquí conocemos como «gazpacho»: nada comparable a las violaciones del derecho culinario internacional perpetradas por chefs como Gordon Ramsay (*spanish* paella con chorizo, jerez y chiles) o David Chang (fideuá con noodles instantáneos, mejillones y, otra vez, kilos de chorizo). Sin embargo, quienes publicamos recetas en internet sabemos que los platos nacionales o regionales son un campo de minas: lánzate a proponer al mundo tu fórmula para cualquiera de ellos, por muy respetuoso que hayas sido, que al minuto alguien te pedirá cuentas porque no es idéntica a la de su abuela o no coincide con la de su pueblo.

Estas discusiones pueden parecer nimias, pero plantean preguntas interesantes: ¿cuándo es «auténtica» una receta? ¿Cuáles son los límites para modificarla? ¿Por qué nos ponemos tan pesados cuando alguien cocina un plato tradicional de una manera que consideramos «incorrecta»?

En 2019, dos de los cocineros españoles más reputados se enzarzaron en una discusión en Twitter sobre la presencia del pepino en el gazpacho. Dani García la calificó de «terrorismo gastronómico» y defendió que en la cocina no hay dogmas: «Llevo haciéndolo sin pepino veinticinco años y he sobrevivido». José Andrés replicó que debemos «respetar» la fórmula tradicional «sin quitar ni poner». «El gazpacho o la fabada ya han sido creados y generalmente aceptados por todos. Un cocinero puede no ponerle pepino, pero la democracia gastronómica popular ha dictaminado que el gazpacho de hoy lo lleva.»

La posición conpepinista de José Andrés estaba condicionada por el hecho de trabajar en Estados Unidos, donde lidera un grupo de más de treinta restaurantes. «Llevo veinticinco o veintiséis años peleándome para explicar que el gazpacho no lleva jalapeño, de igual forma que la paella valenciana no lleva chorizo», aseguraba. «Fuera hay mucho desconocimiento con los ingredientes de la cocina española, y por eso creo que es necesario fijar ciertas coordenadas comunes para todos. ¿Que cada uno lo hace como quiere? Claro. ¿Que puede cambiar? Por supuesto: yo he dicho que el cocido madrileño del futuro llevará yuca por influencia de la inmigración latina. Pero debemos tener claro qué es el

gazpacho en 2019: una sopa fría de tomate, ajo, pimiento verde, pepino, pan, aceite de oliva, vinagre y sal.»

Cuatro años después de aquel choque, el asunto sigue despertando en mí sentimientos encontrados. Por un lado, ¿tiene sentido ponerse purista con una preparación como el gazpacho, que si nos atenemos a su historia y a sus variantes frías y calientes, apenas podremos definir como «plato con pan»? Si te has quedado muerta con lo de «calientes», te confirmo que existen, del ajo caliente jerezano al gazpachuelo malagueño pasando por la sopa cachorreña. Por tener, tenemos hasta un gazpacho que lleva conejo y pollo: el manchego.

La primera receta escrita de gazpacho data de 1747 (*Arte de repostería*, de Juan de la Mata), y lleva pan mojado en agua, espinas de anchoas, ajo, vinagre, sal, azúcar y aceite. Una auténtica delicatessen. Ciñéndonos al llamado «gazpacho andaluz», el uso del hoy imprescindible tomate no se empezó a popularizar hasta el siglo XIX. ¿Había entonces ortodoxos que clamaban contra semejante infamia, diciendo «si le pones eso rojo no es gazpacho»? Los platos antiguos han vivido múltiples mutaciones o mestizajes, y los de origen humilde se hacían con lo que se tenía a mano, por lo que no parece razonable tratar de imponerles una lista de ingredientes o un procedimiento inmutables.

Para el gastrónomo andaluz Fernando Huidobro, la auténtica receta original del gazpacho se resume en cuatro palabras: «Échale lo que tengas.» «El gazpacho nació como un plato campero y anárquico, propio de gente humilde sin posibles.» Los currelas no estaban para gastrodebates pijos: «Le ponían lo que había, lo que más sustento proporcionaba para aguantar la jornada en el campo. Más tarde, cuando se hizo más urbano, sí se fijó una receta más o menos "oficial" (con muchas comillas) con cinco ingredientes básicos: tomate, ajo, aceite de oliva, vinagre y sal.» ¿Y el pepino? «No es un elemento indispensable: como el pan, se trata de un añadido que se puede usar o no a gusto de quien lo prepara. Mi madre y mi abuela, malagueñas, jamás se lo pusieron, pero cada familia tiene sus costumbres.»

Estas reflexiones parecen avalar la tesis de que cada uno pueda llamar «gazpacho» a lo que le salga del higo. Sin embargo, no todo pudo ser «gazpacho» en el pasado, y por muy humildes que fueran los labriegos andaluces y muy condicionada por las circunstancias que estuviera la preparación, algún tipo de código tenía que dar identidad al plato: la presencia de pan, aceite y vinagre; el ajo como potenciador de sabor, el batiburrillo de otros ingredientes más o menos machacados... «Échale lo que tengas», sí, pero con ciertos límites.

Por otra parte, soy el primero que ha sentido escalofríos al ver en internet bebedizos rojos hechos con caldo de pollo o zumo de tomate de bote, venidos cómo no de Estados Unidos. Entiendo el rechazo que pueden suscitar recetas sui géneris de comidas con las que tienes una relación emocional, porque han formado parte de tu vida desde siempre. Igual un humus de guisantes no me escandaliza, pero como vasco torcería el morro ante una porrusalda con gambas o una merluza en salsa verde con beicon. Los platos tradicionales forman parte de nuestra identidad, y sentimos estas intrusiones culinarias desinformadas y poco sensibles como una falta de respeto o un torpe intento de apropiación cultural.

¿Por qué nos enfadamos cuando alguien cocina un plato tradicional de una forma que consideramos «incorrecta»?

Cuando llamamos a algo «gazpacho andaluz», quizá estamos obligados a cortarnos un pelo con la libertad creativa. «Todas las sopas frías son legítimas, pero no todas pueden ser gazpacho», asegura el crítico gastronómico Philippe Regol, que denuncia la voluntad de hacer sistemáticamente «cosas diferentes» sin que estas aportaciones beneficien a los platos tradicionales. «Mejoremos lo que es mejorable, por ejemplo ajustando la cocción del bonito en un marmitako. Pero yo no empezaría a quitarle el pimiento para ponerle lichis.»

La frontera entre la noble defensa de la tradición y la intransigencia reaccionaria es difusa, pero puede que el dilema se resuelva dejándonos de normas estrictas y pensando más en defender las características esenciales del plato: en el caso del gazpacho sin apellidos, el triturado de vegetales jugosos frescos, el aderezo con aceite de oliva, vinagre y sal, y el servicio en frío. Porque la receta correcta de esta sopa (o de la paella, la fabada, el cocido o cualquiera de nuestros venerables clásicos) no existe, pero sí su espíritu, código, columna vertebral o como lo quieras llamar. Lo que la hace identificable, única y genial. Eso es lo que no se debe desvirtuar.

En cualquier caso, puede que los debates sobre qué llevan y qué no llevan los platos tradicionales tengan su lado bueno. Como bien decía José Andrés tras el rifirrafe pepinero, «estas discusiones hacen que la gente se pregunte el porqué de las cosas».

Caldo valiente

INGREDIENTES

- **1 tomate maduro**
- **1 patata pequeña**
- **1 guindilla seca grande o dos pequeñas**
- **2 dientes de ajo**
- **½ cebolla**
- **2 hojas de laurel**
- **1 cucharadita de pimentón dulce**
- **50 ml de aceite de oliva**
- **Sal**

Variantes

Hay quien le pone un poco de comino al caldo, y una cucharadita de tomate concentrado puede intensificar su sabor.

Acelerar

Si lo preparas en olla rápida, la cocción se reduce a 20 minutos.

«En los años cuarenta y cincuenta, el caldo valiente se hacía para los muleros, los gañanes, los pastores y todos los que estábamos alrededor», cuenta Moni, una maravillosa señora de Benatae (Jaén), mientras lo cocina en un vídeo de YouTube. «Si le pones dos guindillas, más picoso está. Al tomarlo te salen los colores de la gente serrana, ¡y te da una energía para trabajar...!»

No se me ocurre una descripción mejor del espíritu y los efectos de este caldillo típico de Albacete y las sierras jienenses, que se prepara normalmente para acompañar las migas. Es un raro ejemplo de comida picante española, y su poder estimulador sigue hoy tan vigente como en la posguerra. Mi receta sigue casi al dedillo la de Moni, con el único añadido de la cebolla para subir medio tono el sabor. Si no te vienes arriba tomándolo, es que estás muerto.

PREPARACIÓN

1. Calentar el aceite de oliva en una cazuela a fuego medio. Añadir los ajos sin pelar, la media cebolla cortada por la mitad, el laurel y el tomate troceado, y rehogar un par de minutos.
2. Añadir la patata cortada en láminas (no hace falta que sean muy finas) y rehogar tres o cuatro minutos más.
3. Bajar el fuego y añadir el pimentón. Rehogar durante 1 minuto removiendo para que no se queme.
4. Añadir 1,2 l de agua y la guindilla cortada en dos trozos. Salar, subir el fuego hasta que hierva, y luego cocer tapado unos 45 minutos a fuego suave.
5. Probar, corregir de sal y colar (si se quiere un caldo más espeso, también se pueden sacar los ajos, la guindilla y las pieles del tomate y triturar).

Caldo para principiantes

INGREDIENTES
Para 1,5 l de caldo

- **1 cebolla sin pelar**
- **1 puerro con la parte verde**
- **2 zanahorias sin pelar**
- **2 dientes de ajo sin pelar**
- **½ rama de apio sin las hojas**
- **Un par de ramitas de perejil**
- **Un par de ramitas de tomillo fresco o ½ cucharadita de tomillo seco**
- **2 hojas de laurel**
- **1 cucharada de setas deshidratadas**
- **5 o 6 granos de pimienta negra**
- **50 ml de vino blanco**
- **Aceite de oliva virgen extra**
- **Sal**

Variantes

Si no tienes olla a presión, puedes hacer el caldo en una olla tapada, alargando el tiempo a 1 hora y añadiendo un vaso de agua extra.

El sabor del caldo se puede potenciar añadiendo tomate concentrado, miso, corteza de queso parmesano o levadura nutricional.

En los últimos años, la comodidad de los caldos envasados ha hecho caer en picado la elaboración de los caseros. Dios me libre de sermonear a nadie por usar un brik, algo que me parece una solución bastante razonable cuando no tienes tiempo o ganas de cocinar. Sin embargo, tampoco hay que obviar las ventajas de hacer el caldo en casa: más y mejor sabor, elección de ingredientes al gusto, y posibilidad de aprovechar partes de los alimentos que, si no, van a la basura.

Además de cocinarlo con las verduras habituales, en el caldo puedes sacar partido a «desechos» de todo tipo, simplemente acumulándolos en el congelador dentro de una bolsa hermética y usándolos cuando tengas una buena cantidad. Ejemplos: pieles de cebolla, ajo, tomate, patata, nabo y chirivía, siempre bien limpias. La parte verde del puerro y las cebolletas, hojas de apio, hojas y pieles de zanahoria, tallos de champiñones o hierbas aromáticas que se hayan quedado un poco lacias. Las vainas de las habas y los guisantes, o las **hojas de las alcachofas cocinadas en el microondas** (ver pág. 108), además de carcasas u otros restos de pollo asado o huesos de jamón o ternera.

Las cocciones clásicas de los caldos de verduras o de carne son más largas que un funeral, pero por suerte hoy contamos con un instrumento que no sólo las acelera, sino que las hace mucho más efectivas a la hora de transmitir el sabor de los alimentos al líquido: la olla rápida. Con ella no sólo mejoras el caldo, sino que ahorras energía, y por lo tanto, dinero.

Existen distintas maneras de enfrentarse a esta preparación, y cada una da diferentes resultados. La que propongo aquí tira más hacia el lado oscuro y el sabor intenso, porque los ingredientes se doran antes de incorporar el agua. Si quieres un caldo más claro, limpio y suave, te saltas este paso y listo. En cuanto a los ingredientes, sólo uso verduras y setas secas, que dan profundidad, pero si lo quieres de carne, pollo o jamón, no tienes más que incorporar unos huesos u otras partes de dichos alimentos y retirar la grasa que flotará en el caldo una vez colado y frío.

PREPARACIÓN

1. Cortar en trozos grandes la cebolla, el puerro, el apio y la zanahoria. Aplastar los ajos con el lado de un cuchillo. Si todo está bien limpio, no hace falta pelarlo.
2. Poner las verduras en una olla rápida con un chorro de aceite y dorarlas a fuego medio-alto unos 4 o 5 minutos, removiendo de vez en cuando para que no se quemen.
3. Mojar con el vino blanco y remover.
4. Cuando ya no huela a alcohol, cubrir las verduras con un litro y medio de agua fría. Sumar el perejil, el tomillo, el laurel, la pimienta, las setas deshidratadas y un poco de sal.

5. Tapar y cocinar a fuego bajo unos 30 minutos a partir de que la olla haya alcanzado la máxima presión.
6. Dejar que la olla pierda presión y destapar.
7. Dejar que el caldo borbotee a fuego suave 10 minutos más, para que coja un poco de cuerpo.
8. Verter sobre un bol con un colador encima, y aplastar bien las verduras para escurrir al máximo su líquido.
9. Corregir de sal y pasar el caldo a un táper o un frasco. Se conserva 4 días en la nevera y hasta 3 meses en el congelador.

Cachorreñas

INGREDIENTES
Para 4 personas

- **3 naranjas medianas**
- **100 g de pan, preferiblemente seco**
- **4 dientes de ajo**
- **2 tomates maduros**
- **2 cucharaditas de comino**
- **2 cucharaditas de pimentón dulce**
- **2 cucharadas de vinagre de Jerez**
- **Aceite de oliva virgen extra**
- **Sal**

Variantes

Puedes añadir a la sopa bacalao desalado, o patata cortada en trocitos reduciendo la cantidad de pan. También puedes darle un punto picante con algo de guindilla, o rematarla con un poco de menta o hierbabuena.

En un alarde de vaguedad culinaria, el diccionario de la Real Academia Española define las cachorreñas como una «sopa caliente a base de pan, ciertas especias y otros ingredientes». Imagino a los autores diciendo: «Mira, pasamos de concretar más, *pa' qué* nos vamos a meter en follones», tras comprobar que este plato se elabora de formas tan diversas en el sur de España que cuesta identificarlo como una misma preparación.

Mientras que en Extremadura pueden ser un gazpacho caliente con huevo, embutidos o conejo, las cachorreñas —se suele decir en plural— de la provincia de Málaga prescinden de la carne y mantienen como elemento unificador el uso de naranja agria, también llamada «cachorreña». Rara vez falta en ellas el ajo, el comino y el pimentón, y es bastante común que se enriquezcan con bacalao y patata.

Mi versión prefiere volver a las esencias humildes del plato, tal como las describió el lexicógrafo Esteban Terreros y Pando en su *Diccionario castellano: con las voces de ciencias y artes* (1786): «Cachorreñas: sopas que hace en Andalucía la gente del campo con aceite, naranja, pan y sal.» En ausencia de naranja agria, uso naranja dulce y un poco de vinagre. Por si te preguntas de dónde viene tan sonoro nombre, la respuesta es que no está claro: algunos historiadores de la lengua vinculan la voz con las llamadas «sopas de perro» (hechas de cualquier manera), pero la RAE califica la etimología de «dudosa».

PREPARACIÓN

1. Sacar las naranjas de la nevera para que no estén frías y poner 1,2 l de agua a hervir.
2. Pelar los ajos y ponerlos con el tomate y una tira de piel de naranja en el agua. Dejar que cuezan a fuego medio unos 10-15 minutos. Sacarlos y desechar la piel del tomate y la de naranja.
3. Triturar en un mortero o con batidora los ajos, el tomate, una cuarta parte aproximadamente del pan, el comino, el pimentón, el vinagre, un chorro de aceite de oliva y sal.
4. Devolver esta pasta a la cazuela, incorporar el resto del pan desmigado y darle un hervor de un par de minutos. Hasta aquí se puede hacer con antelación.
5. Exprimir las naranjas. Retirar del fuego la cazuela y, cuando deje de borbotear, añadir el zumo.
6. Servir inmediatamente con un chorrito de aceite de oliva por encima y un poco de ralladura de naranja.

Sopa de cebolla

INGREDIENTES
Para 4 personas

- **4 cebollas dulces, amarillas o de Figueres**
- **700 ml de leche entera**
- **500 ml de agua o caldo de pollo**
- **2 ramitas de tomillo fresco**
- **50 ml de aceite de oliva**
- **½ cucharadita de pimienta negra**
- **½ cucharadita de sal**
- **Rebanadas de barra de pan tostado (opcional)**

Acelerar

La caramelización de la cebolla es más rápida si se añade la puntita de un cuchillo de bicarbonato. Además, también se puede cocinar en olla rápida, reduciendo el tiempo a 15-20 minutos.

Veganizar

Cambia la leche de vaca por leche de soja, y usa agua o algún caldo de verduras ligero.

La sopa de cebolla es un plato inequívocamente francés, que tras cocinarse de múltiples formas cristalizó en su fórmula más habitual en el París del siglo XIX: cebolla picada pochada en mantequilla, cocida en caldo de carne y terminada con pan y queso. Por vecindad, también se ha tomado con cierta frecuencia en el norte de Cataluña, y el Institut Català de la Cuina i la Cultura Gastronòmica la incluye en el corpus de recetas tradicionales catalanas.

A diferencia de la francesa, su *sopa de ceba* se hace con aceite de oliva en vez de mantequilla, pero lo más interesante es que sugiere como variación usar leche para sustituir el caldo. Nada que no se hubiera hecho en Francia antes, por cierto: la receta del libro *Le cuisiner François*, de François Pierre de la Varenne, ya proponía este giro en 1651.

No sé si esta versión es mejor que la *soupe à l'oignon* convencional, pero sí la recomiendo a los fans de lo lácteo o a los aventureros que disfruten con los caminos alternativos. Yo la remato con tomillo fresco porque esta hierba hace *match* con los aromas de la cebolla, y porque la presencia de *farigola* siempre refuerza la catalanidad de una sopa.

PREPARACIÓN

1. Pelar y cortar las cebollas en juliana. Ponerlas en una cazuela a rehogar con el aceite a fuego medio bajo, con sal y pimienta. Rehogarlas unos 30-40 minutos removiendo de vez en cuando. Tienen que quedar muy blandas, reducidas y doradas.
2. Mojar con el agua o el caldo, raspar bien el fondo y los lados de la cazuela con una cuchara de madera, y cocer tapado a fuego medio unos 15 minutos.
3. Añadir la leche, y en el momento en el que empiece a hervir, retirar del fuego, añadir las ramas de tomillo y corregir de sal y pimienta. Tapar y dejar reposar unos minutos. Es posible que la leche se corte un poco: no pasa nada.
4. Retirar el tomillo y triturar (también se puede tomar tal cual). Terminar, si se quiere, con pan tostado, dispuesto en los platos antes de verter la sopa o encima de ella.

Sopa de garbanzos

INGREDIENTES
Para 4-6 personas

- **250 gramos de garbanzos secos**
- **2 cebollas grandes (500 g aproximadamente)**
- **2 dientes de ajo**
- **3 hojas de laurel**
- **1 limón**
- **¼ de cucharadita de bicarbonato**
- **1 l de agua**
- **La parte verde de un puerro (opcional)**
- **Aceite de oliva virgen extra**
- **Pimienta negra**
- **Sal**

Acelerar

Con una olla rápida la cocción de los garbanzos se reduce a unos 50 minutos, y el agua, a 1,2 l. También se puede saltar el picado y pochado de las cebollas poniéndolas cortadas por la mitad junto con los garbanzos, y triturándolas al acabar la cocción.

Variantes

Para dar intensidad a la sopa usar **caldo de pollo o verduras** (ver pág. 90) en vez de agua. También se puede añadir un puñado de fideos al final, subiendo unos 300 ml la cantidad de líquido.

Cada legumbre tiene sus superpoderes en la cocina, y el de los garbanzos es la capacidad para protagonizar sopas imbatibles. Estas bolitas color crema dan al agua de cocción un sabor suave pero reconfortante, que yo asocio de inmediato a un lugar (casa) y una sensación (estar a gusto).

Al caldo de los garbanzos no le hacen falta demasiados aderezos, y su sutileza brilla más si usas pocos ingredientes igual de humildes que la propia legumbre. Esta sopa apuesta de manera rotunda por el minimalismo culinario: cebolla, ajo, laurel y poco más. Para prepararla, es innegociable partir de garbanzos secos. Antes de ponerte a gritar «¡no sé cocer legumbres!», abandona el drama porque sólo tendrás que hacer dos cosas: poner los garbanzos a remojo y, al día siguiente, mantenerlos al fuego el tiempo suficiente para que se ablanden.

El chorrazo final de zumo de limón, que equilibra el dulzor de la abundante y cremosa cebolla, es un extranjerismo copiado de la *revizada griega*. Aligera el plato, le da brillo y, si te paras a pensarlo, no es algo muy diferente a lo que se ha hecho toda la vida de Dios en España con las lentejas: alegrarlas con un chorrillo de vinagre.

PREPARACIÓN

1. Poner a remojo los garbanzos con agua y un poco de sal el día anterior.
2. Desechar el agua y enjuagarlos bien.
3. Picar fino el ajo.
4. Poner un chorro de aceite a calentar a fuego suave en una cazuela grande u olla rápida. Añadir el ajo y rehogar, vigilando que no se queme.
5. Mientras el ajo se va dorando, picar la cebolla. Incorporarla a la cazuela junto con el laurel, y cocinar unos 20 minutos más, removiendo de vez en cuando. La cebolla tiene que quedar blanda y ligeramente dorada.
6. Mojar con 1,5 l de agua. Cuando se haya calentado, incorporar los garbanzos, el bicarbonato, sal y pimienta negra.
7. Dejar medio tapado y cocer a fuego suave hasta que los garbanzos estén muy tiernos y casi se deshagan (dependiendo de la clase, pueden tardar hasta dos horas). Hay que vigilar que no se queden secos, y si eso sucede, añadir agua caliente.
8. Añadir el zumo de limón a la sopa, dar un hervor corto y corregir de sal y pimienta. Para un caldo más ligado, se puede triturar un par de cucharones de garbanzos con la batidora y devolverlos a la cazuela.

Caldo de porretos

INGREDIENTES
Para 4 personas

- **Los porretos o parte verde de unas 4-6 cebolletas (unos 200 g)**
- **3 patatas medianas (unos 600 g)**
- **400 g de guisantes o de judías blancas o pintas cocidas**
- **3 dientes de ajo**
- **1 cucharadita y media de pimentón dulce**
- **½ cucharadita de pimentón picante**
- **50 ml de vino blanco (opcional)**
- **Aceite de oliva**
- **Sal**

Variantes

Puedes usar la parte verde del puerro para sustituir todos o parte de los porretos de cebolleta.

Acelerar

Juntando la cocción de los porretos y la patata en una olla rápida, lo tienes listo en 15 minutos.

Los porretos no son ningún ingrediente ancestral o hiperlocal complicadísimo de conseguir, sino una parte de las cebollas que se suele desechar a pesar de ser perfectamente comestible: los tallos verdes. Se les llama así en algunas zonas de Galicia y Asturias, donde se usaban para dar sustancia a un potaje viudo —sin carne— de legumbres y patata conocido como «caldo de porretos».

Este caldo está, por desgracia, en vías de extinción, pero vale la pena recuperarlo por varios motivos: es delicioso, sencillo de hacer y útil para aprovechar esa parte de las cebolletas o cebollas tiernas con la que nunca sabemos muy bien qué hacer. Mi receta incluye el tradicional rustrido (refrito) de ajo y pimentón reforzado con un chorrillo de vino blanco, pero se abstiene de usar unto o manteca de cerdo en aras de la salud y el veganismo.

Si no quieres comprar tanta cebolleta de golpe, puedes poner menos o ir almacenando los porretos picados dentro de una bolsa hermética en el congelador, para lanzarte a preparar el caldo cuando tengas suficientes. En cuanto a la legumbre, dale a la que más te guste, y no te preocupes en absoluto si tienes que utilizar guisantes congelados o judías de bote: todo saldrá bien igualmente.

PREPARACIÓN

1. Picar los porretos en juliana no muy fina (1 cm aproximadamente). Ponerlos en una cazuela a hervir a fuego medio con unos 2 l de agua y sal.
2. Pelar las patatas y cascarlas en trozos medianos, metiendo un poco el cuchillo y rompiendo (también las puedes picar sin más). Cuando la cebolleta lleve cociendo 10 minutos, añadir la patata. Cocer 20 minutos o hasta que las patatas estén hechas.
3. Mientras, poner en una sartén un chorro generoso de aceite a fuego medio bajo. Machacar los ajos y añadirlos.
4. Cuando el ajo esté ligeramente dorado, retirar la sartén del fuego y añadir el pimentón. Darle una vuelta, dejar 1 minuto y añadir, si se quiere, el vino.
5. Volver a poner a fuego medio bajo y cocinar 1 minuto más hasta que no huela a alcohol. Retirar del fuego.
6. Con las patatas hechas, añadir el ajo con su aceite y las judías o los guisantes a la cazuela. Dar un hervor corto de un par de minutos y apagar el fuego. Corregir de sal.

Porrusalda

INGREDIENTES
Para 4 personas

- **3 puerros medianos con su parte verde**
- **3 patatas medianas**
- **2 zanahorias medianas**
- **2 dientes de ajo**
- **100 ml de txakoli (o cualquier vino blanco seco)**
- **2 cucharadas aceite de oliva**
- **Sal**

Variantes

Es bastante común incorporar bacalao desalado en la porrusalda, añadiéndolo casi al final de la cocción y desmigándolo antes de servir. También se le puede poner un poco de guindilla roja seca, o chorizo para darle un aire riojano.

País Vasco, Navarra y La Rioja

Tan pobretona en ingredientes como satisfactoria en la mesa, la porrusalda es pura cocina de subsistencia de caserío. Esta sopa es básicamente un caldo (*salda*) de lo que solía haber en invierno en los huertos vascos: puerro (*porru*) y patata, con el añadido opcional de la zanahoria. Que a nadie le engañe su parquedad de ingredientes, porque la porrusalda sabe sacar lo mejor de ellos y darte ese tipo de sabor suave, sutil y sin estridencias tan querido en mi tierra.

Con la llegada de tiempos de abundancia, el plato se fue enriqueciendo con bacalao, caldo de carne o de pescado, pero a mí me gusta su versión más sencilla, vegana antes de que existiera el veganismo. Para reforzar el fuste de la sopa, sí hago dos cosas que no forman parte de la tradición. Preparo un simple caldillo corto mientras se va rehogando el puerro, la zanahoria y la patata, con lo que aprovecho su parte verde y sus pieles, e incorporo un lingotazo de vino blanco como hacía mi madre, para aligerar el plato con un puntito de acidez.

PREPARACIÓN

1. Lavar bien con un cepillito las zanahorias y las patatas. Pelarlas y poner las pieles a cocer junto con la parte verde de los puerros, también lavada, y los dientes de ajo en una olla a fuego medio alto, con 1,5 l de agua y una pizca de sal. Este paso se puede obviar, pero no cuesta nada y hace más sabrosa la sopa.
2. Picar la parte blanca del puerro. Pelar y cortar la zanahoria en rodajas de 1 cm de grosor aproximadamente.
3. Rehogarlas a fuego medio en otra cazuela grande con un chorro de aceite de oliva y una pizca de sal hasta que se pochen, unos 10-15 minutos.
4. Mientras, pelar y cascar las patatas en trozos de bocado. El «cascado» favorece que la patata suelte almidón, y se hace introduciendo un poco el cuchillo y rompiendo los trozos.
5. Añadir las patatas al puerro y la zanahoria y rehogar 4 minutos más.
6. Mojar con el vino y dejar otros 2 minutos para que se evapore el alcohol.
7. Poner un colador sobre la cazuela y verter encima el caldo de la parte verde del puerro, los ajos y las pieles de zanahoria y patata. Desechar dichos ingredientes, salar ligeramente la porrusalda y cocer a fuego medio durante 25-30 minutos. Si falta líquido, añadir algo más de agua.
8. Cuando las patatas y las zanahorias estén tiernas, corregir de sal y servir.

Crema suave de coliflor con avellanas

INGREDIENTES
Para 4 personas

- **½ coliflor grande o una pequeña**
- **1 nabo pequeño**
- **1 cebolla**
- **700 ml de leche entera**
- **300 ml de agua o caldo de verduras (ver pág. 90)**
- **100 g de queso Idiazábal o cualquier otro curado rallado**
- **50 g de avellanas**
- **Aceite de oliva**
- **Nuez moscada**
- **Pimienta blanca**
- **Sal**

Veganizar

Sustituir la leche por bebida de avellana, y el queso por un par de cucharadas de levadura nutricional.

Variantes

La misma crema se puede hacer con coliflor verde, romanescu o brócoli. En vez de avellanas puedes usar almendras, pistachos o anacardos tostados, y cambiar el nabo por patata o boniato.

La coliflor es una hortaliza denostada por muchas personas, y no sin motivo: como tantas otras verduras, en España se ha comido históricamente muy pasada. Las cocciones largas logran que su textura sea pastosa y que huela a pedo, lo que justifica que la *coliflobia* esté tan extendida. De pequeño, yo aprendí a comerla porque me permitían ponerle kilos de mayonesa, pero hay otras maneras más nobles de establecer amistad con ella.

Cuando la tratas con educación, la coliflor relaja sus aromas y no se pone tan agresiva. Cuidarla es cocerla lo justo para que quede al dente, para luego hacer lo que quieras con ella: tomarla entera o triturarla en una crema. Los lácteos, los frutos secos y las especias se llevan fenomenal con la coliflor, y por eso en esta crema la cuezo en leche el tiempo justo para que se haga, la refuerzo con queso Idiazábal y nuez moscada, y la remato con avellanas picadas, que además ponen el punto crujiente. El nabo sólo está aquí para añadir textura: apenas influye en el sabor. El resultado final, muy apto para todos los públicos, sorprende por su amabilidad.

PREPARACIÓN

1. Picar la cebolla fina y el nabo en daditos. Rehogarlos en una cazuela con un poco de aceite de oliva a fuego medio, hasta que la cebolla esté transparente y blanda (unos 10 min).
2. Mientras, separar los floretes y el tronco de la coliflor. Cortar el tronco en rodajas finas.
3. Añadir la leche y el agua o caldo a la cazuela. Cuando hierva, sumar la coliflor y cocerla entre 7 y 10 minutos, hasta que esté al dente.
4. Subir el fuego y, cuando hierva, añadir el queso rallado. Dejar 1 minuto, retirar del fuego y triturar a fondo.
5. Salpimentar y sazonar con nuez moscada al gusto. Corregir de espesor añadiendo más leche si se ve muy densa, o más queso si está demasiado líquida.
6. Servir con las avellanas picadas por encima y un chorretón de aceite de oliva virgen extra.

Crema de zanahoria caramelizada

INGREDIENTES
Para 4 personas

- **750 g de zanahorias peladas**
- **100 g de mantequilla**
- **600 ml de zumo de naranja**
- **Eneldo picado (o cualquier otra hierba aromática)**
- **4 g de bicarbonato (¾ de cucharadita rasa)**
- **Sal**
- **Aceite de oliva picante (opcional)**

Variantes

Si no te pone la zanahoria, puedes hacer exactamente lo mismo con calabaza, boniato o chirivía.

No he probado una crema de zanahoria mejor que ésta: es sabrosa, intensa y está a años luz de la sosez habitual en tantas cremas de verduras. Un poco de bicarbonato y la olla rápida obran el milagro de la caramelización de la hortaliza, y la acidez del zumo de naranja y la frescura del eneldo compensan la untuosidad del puré. Por si fuera poco, es la facilidad hecha receta, y en media hora la tienes lista.

El descubrimiento de esta maravilla se lo debo a Íñigo Aguirre, creador del blog y la cuenta de Instagram Umami Madrid. Íñigo es un cocinillas aficionado, pero de culo inquieto, que lejos de conformarse con lo de siempre disfruta explorando nuevos caminos. Aplica técnicas y sabores asiáticos a ingredientes o fórmulas locales, a la vez que utiliza las enseñanzas de la cocina científica en platos relativamente sencillos. Esta crema, adaptada del libro *Modernist cuisine*, es uno de sus *greatest hits*.

PREPARACIÓN

1. Poner la olla rápida al fuego con la mantequilla.
2. Cuando se haya derretido, añadir la zanahoria cortada en trozos de unos 5 cm, el bicarbonato y 1 cucharadita de sal. Remover bien.
3. Tapar la olla y subir el fuego hasta que pite o se vean las dos rayitas de la válvula.
4. Bajar el fuego al mínimo y dejar cocer 20 minutos. A la mitad de ese tiempo, agitar un poco la olla para que se caramelice uniformemente la verdura.
5. Enfriar la olla bajo un chorro de agua fría y abrir.
6. Añadir la mitad del zumo de naranja y triturar. Ajustar de espesor al gusto con el resto del zumo y rectificar de sal.
7. Decorar con el eneldo o cualquier otra hierba picada y, si se quiere, con unas gotitas de aceite de oliva picante.

Verduras

Alcachofas marinadas

INGREDIENTES
Para 4 personas, de aperitivo

- **10-12 alcachofas**
- **2 ramitas de romero**
- **2 ramitas de menta**
- **Aceite de oliva**
- **Sal**

Variantes

Puedes aromatizar el aceite con tomillo, albahaca o incluso guindilla.

Toda persona vaga que se debate entre el amor a las alcachofas y el deseo de no dar un palo al agua vive una revelación cuando descubre la técnica para cocinar esta verdura entera en el microondas. Procesarlas se convierte en una actividad limpia, cómoda y al alcance del mayor zarpas en la cocina, y con este tipo de cocción puedes además marcarte un 2 × 1 culinario.

Los corazones ya cocidos están buenos aliñados con aceite y sal, salteados o acompañados con cualquier salsa —un **romesco** (ver pág. 246), por ejemplo—, pero aquí vamos un poco más allá marinándolos. Un paso tan largo en satisfacciones como corto en esfuerzo.

PREPARACIÓN

1. Quitar con un cuchillo los extremos más duros y leñosos de los tallos de las alcachofas y desecharlos.
2. Cortar el resto del tallo de las alcachofas y reservar.
3. Poner las alcachofas y sus tallos en un estuche de silicona o en un recipiente apto para el microondas tapado (si no caben todas, se puede hacer en tandas) con un chorrito de agua.
4. Cocinar a potencia máxima 7 minutos y dejar reposar tapado 1 minuto más. Si no se tiene microondas, cocer al vapor unos 15 minutos, hasta que las alcachofas se noten un poco blandas al tacto.
5. Dejar que las alcachofas se templen, y cuando ya se puedan manipular, quitarles las hojas exteriores hasta que la base empiece a verse entre verde clara y amarilla.
6. Sujetándolas por la punta, cortar unos 3 o 4 cm de la misma. Si se quiere hacer **caldo** (ver pág. 90) con las hojas y las puntas, reservarlas aparte.
7. Cortar las alcachofas en 2 o 4 trozos, dependiendo del tamaño, y ponerlas en un táper. Pelar los tallos desechando las pieles, y añadirlos al resto de las alcachofas. Sumar las hierbas, salar y mojar con una cantidad generosa de aceite.
8. Mover ligeramente para que las alcachofas se impregnen bien, tapar y dejar en la nevera un mínimo de 24 horas (aguantan bien una semana). El aceite se suele solidificar, pero basta con templarlo un poco para que vuelva a estar líquido. Conviene escurrirlas bien y corregir de sal antes de comerlas.

Titaina

INGREDIENTES
Para 4 personas

- **1 kg de tomate natural triturado**
- **150 g de ventresca de atún en conserva**
- **30 g de mojama rallada**
- **2 huevos duros**
- **50 g de piñones**
- **½ pimiento rojo**
- **1 pimiento verde**
- **1 cebolla mediana**
- **1 o 2 dientes de ajo**
- **2 cucharadas de azúcar**
- **Aceite de oliva**
- **Sal**

Podría ser la última ganadora de Drag Race, la nueva superheroína de Marvel o tu tita Aina, pero no: la titaina es un plato marinero típico del barrio de El Cabanyal en Valencia. A medio camino entre el sofrito y el **pisto** (ver pág. 131), sus ingredientes principales son el tomate, el pimiento, los piñones y el atún, y se puede tomar frío o caliente, y solo o como acompañamiento. También funciona a modo de relleno de empanadillas, encima de cocas o pizzas, o en bocadillos como el pepito valenciano.

Una de las mejores titainas que he probado es la del restaurante Pelayo Gastro Trinquet, en Valencia, y por eso adapto su receta. La titaina tradicional se hace con *tonyina de sorra* —ventresca de atún en salazón—, pero el cocinero Pablo Margós la cambia por hueva de atún en salazón y ventresca en conserva. Aquí tiro de un sustituto más fácil de encontrar en toda España, la mojama, aunque si tienes la suerte de poder comprar *tonyina de sorra* o hueva de atún, las puedes usar a tu antojo.

PREPARACIÓN

1. Picar los pimientos, la cebolla y el ajo y ponerlos a rehogar a fuego medio-bajo con los piñones en una sartén con un poco de aceite de oliva y un poco de sal. Remover de vez en cuando.
2. Poner el tomate triturado sobre un colador y dejar que escurra su líquido. Rehogarlo en una cazuela con un chorro de aceite de oliva y una pizca de sal a fuego medio-bajo hasta que se reduzca más o menos a la mitad.
3. Añadir el azúcar y cocinar unos 20 minutos más a fuego lento, removiendo de vez en cuando.
4. Añadir la mojama rallada y la ventresca desmigada al sofrito de pimiento y cebolla. Dejar enfriar (para una titaina muy profesional, guardar estos dos preparados por separado en la nevera y dejarlos reposar una noche).
5. Sumar el sofrito al tomate y rallar encima los huevos. Mezclar.
6. Cocinar un par de minutos más y corregir de sal. Dejar reposar unos minutos antes de servir. También se puede tomar fría o templada. Si ha quedado demasiado espesa, se le puede añadir un poco de agua para aligerarla.

Calabaza con morcilla

INGREDIENTES
Para 4 personas

- **800 g de calabaza**
- **3 dientes de ajo**
- **1 cucharadita de pimentón picante**
- **½ cucharadita de pimentón dulce**
- **1 cucharadita rasa de orégano**
- **3 cucharadas de vinagre de Jerez**
- **Aceite de oliva virgen extra**
- **Sal**
- **1 o 2 morcillas (unos 300 g)**
- **Harina**

Variantes

En vez de morcilla —o a la vez—, puedes usar chorizo, panceta o torreznos.

Veganizar

Sustituye la morcilla por unos frutos secos tostados o una morcilla vegetal.

Esta receta podría llevar como subtítulo «Cómo llevar de fiesta a tu amiga más sosa», porque, reconozcámoslo, la pobre calabaza no lleva dentro una explosión de sabor. Su textura pastosa y su perezoso dulzor pueden aburrir hasta a las ovejas, salvo que apliques una técnica que le quite el muermo y la acompañes con otros ingredientes más vivos que hagan de *cheerleaders*.

Eso es justo lo que hacen, y muy bien, en provincias andaluzas como Málaga, Jaén o Córdoba: freír la calabaza —aunque si nos ponemos muy técnicos, hablaríamos más bien de dorar—, y sacarla a bailar con ajo crudo o frito, algún picante, orégano o vinagre. Si usas pimentón, como hago yo siguiendo los dictados del libro *La cocina popular de Málaga*, de Fernando Rueda García, el resultado recuerda sorprendentemente al chorizo.

Para hacer calabaza frita, en Andalucía se usan variedades como la calabaza morilla o el carruécano, pero puedes preparar la receta con la que encuentres en la frutería o en el súper. Con la morcilla, lo mismo: la compañera de viaje perfecta es la especiada de cebolla, pero cabe cualquier otra.

PREPARACIÓN

1. Pelar y picar la calabaza en dados de unos 2 cm aproximadamente (no pasa nada si se cuela alguno un poco más grande o más pequeño). Picar fino 2 de los dientes de ajo.
2. Poner una sartén grande y honda a fuego medio con un chorro de aceite. Añadir el ajo.
3. Cuando el ajo empiece a coger color, incorporar la calabaza, mezclar bien y subir el fuego a medio alto para que se dore. Remover de vez en cuando.
4. Cuando parte de la calabaza se haya dorado, poner el fuego bajo y tapar. Cocinar unos 15-20 minutos, o hasta que la calabaza esté muy blanda y se deshaga. Aplastarla ligeramente.
5. Poner en un mortero el ajo restante, el orégano, el pimentón picante, el dulce, el vinagre, un chorrito de aceite y sal, y majarlo hasta obtener una pasta (si no se tiene mortero, se puede triturar con batidora).
6. Añadir el majado a la calabaza y mezclar bien. Dejar un par de minutos a fuego suave.
7. Mientras la calabaza reposa al calor, cortar la morcilla en rodajas de 1 o 2 cm. Quitarles la piel si se quiere.
8. Poner un poco de harina en un plato hondo y enharinar las rodajas de morcilla. Sacudirlas bien y tostarlas en una sartén con un poco de aceite a fuego medio alto.
9. Servir la calabaza caliente con la morcilla por encima o a un lado.

Asadillo manchego con crema de alubias

INGREDIENTES
Para 4 personas

Asadillo

- 3 pimientos rojos grandes
- 500 g de tomate pelado, en conserva o fresco muy maduro
- 2 dientes de ajo
- 1 cucharadita de comino en grano
- Aceite de oliva
- Pimienta negra
- Sal

Crema de judías

- 250 g de judías blancas cocidas
- 60 ml de aceite de oliva
- 1 diente de ajo
- 2 ramitas de tomillo fresco (o 1 cucharadita de tomillo seco)
- Sal

Variantes

En vez de la crema de alubias, puedes acompañar el asadillo con una base de humus o patatas cocidas. También admite por encima huevo duro cortado en cuartos, atún en aceite, anchoas o sardinas.

Acelerar

Aunque no será lo mismo, usa pimientos asados de bote, pero cocínalos 4 o 5 minutos junto con el tomate.

El asadillo manchego se parece sospechosamente a otras preparaciones con pimientos y tomate típicas de la cocina sefardí, como la ensalada cocha, la *matbucha* marroquí o la *mechuia* tunecina, por lo que no sería raro que tuviera ascendencia judía. Para quien no lo conozca, hoy podría pasar por un plato moruno, porque el comino actúa en él como especia estrella absoluta.

Hay dos escuelas básicas de asadillo. La primera asa el tomate junto con los pimientos; la segunda, lo cocina aparte al fuego a la manera de sofrito. He probado las dos y me convence más esta última, tanto por la facilidad como por el resultado. En cuanto al ajo, hay quien lo añade crudo y quien lo cocina: siempre a favor de las digestiones poco turbulentas, prefiero lo segundo.

Servir el asadillo sobre una crema de alubias y tomillo está completamente fuera de la tradición, pero me parece una combinación fantástica, inspirada en una receta que el cocinero Yotam Ottolenghi prepara con *muhammara*, un untable árabe de pimiento y nueces. Si la idea no te convence, prepara sólo el asadillo y cómelo con pan o acompañado de lo que más te apetezca.

PREPARACIÓN

1. Asar los pimientos a 210 °C en la freidora de aire 30 minutos o en el horno con ventilador 40 minutos, o hasta que estén blandos y tostados. Cuando estén hechos, ponerlos con el líquido que hayan soltado en un táper o una cazuela, tapar y dejar que se templen.
2. Mientras los pimientos se asan, preparar el puré de judías. Sofreír en el aceite un diente de ajo partido y el tomillo durante 2 o 3 minutos, hasta que el ajo empiece a dorarse.
3. Desechar el ajo y reservar los tallos de tomillo y dos cucharaditas de aceite.
4. Mezclar el aceite restante (sin poner a lavar la sartén, pues la usaremos luego) con las judías, una cucharada de agua y media cucharadita de sal. Triturar hasta conseguir una pasta muy fina, añadiendo un poco de agua si es necesario.
5. Picar los dos dientes de ajo del asadillo y ponerlos en la sartén con un buen chorro de aceite a fuego medio.
6. En el momento en el que empiecen a dorarse, añadir los tomates en conserva con el comino, pimienta negra y sal. Si se usan frescos, ponerlos picados en trozos gruesos. Dejar que se hagan

unos 20 minutos, rompiéndolos de vez en cuando con una cuchara de cocina.

7. Quitar el pedúnculo y las semillas a los pimientos, pelarlos y deshacerlos en tiras o trozos al gusto. Añadir al tomate todo el jugo que suelten y dejar que reduzca hasta que tenga consistencia de salsa. Corregir de comino, pimienta y sal.
8. Extender el puré de alubias en el fondo de un plato. Mezclar los pimientos con el tomate y repartirlos por encima del puré. Rematar con el tomillo y el aceite reservados.
9. El plato se puede servir caliente, habiendo calentado sus tres partes previamente, o frío. Los pimientos se pueden guardar con el tomate en la nevera, y servirlos mezclados.

Guisantes con menta

INGREDIENTES
Para 4 personas

- **2,5 kg de guisantes en su vaina u 800 g de guisantes pequeños**
- **1 cebolleta no muy grande**
- **12 hojas de menta o hierbabuena**
- **Aceite de oliva**
- **Pimienta negra**
- **Sal**

Variantes

En el rehogado se puede añadir un poco de panceta, butifarra negra o sobrasada, o sustituir parte de la cebolla con ajos tiernos picados.

Para muchas personas, «guisante» significa «bolita arrugada de color verde parduzco, exterior pellejudo e interior entre pastoso y arenoso». Pero eso no es un guisante, sino un guisante arruinado por exceso de cocción, un mal que históricamente ha penalizado a tantos alimentos vegetales en España. Cuando el guisante recibe el trato culinario que merece, muestra su frescura, sus notas dulces y su textura ligeramente crocante, revelándose como un producto mucho más interesante.

Como en el caso de las habas, otra legumbre fresca de primavera, el tamaño importa, y mucho. Para comerlos enteros, creo que es mil veces mejor elegirlos pequeños, y dejar los grandes para purés o cremas. Una vez te has hecho con guisantes mini, sólo queda vestirlos con un cocinado rápido y sencillo, en el que los acompañes de sabores amigos.

La idea de usar menta o hierbabuena puede sonar a inglesa, pero se practica de forma tradicional en zonas como Cataluña, tanto con los guisantes como con las habas. La receta vale igual para estas últimas: en su caso, si sólo se dispone de ejemplares grandes se les puede quitar la piel. Tanto los guisantes como las habitas pueden ser congelados, pero si se compran frescos con sus vainas, recomiendo fervientemente aprovechar éstas para hacer caldo.

PREPARACIÓN

1. Si se han comprado los guisantes en su vaina, desgranarlos y reservarlos. Poner las vainas en una olla rápida, añadir agua hasta casi cubrirlas, salar y cocer durante 10 minutos (si no se tiene olla rápida, hacer lo mismo en una normal 20 minutos). Colar.
2. Picar la cebolleta y ponerla en una sartén a fuego medio con un chorro de aceite de oliva. Rehogar 10 minutos o hasta que se ablande y se dore ligeramente.
3. Añadir los guisantes, salpimentar, incorporar unos 100 ml de su caldo o de agua caliente, tapar y cocer 1 o 2 minutos desde que recupere el hervor. Probar, y si están al dente, es que están listos. Si no, dejar un minuto más.
4. Incorporar la menta bien picada, volver a tapar y dejar reposar fuera del fuego un par de minutos. Servir inmediatamente.

Bravas: un conflicto de patatas y salsas

La rivalidad entre Madrid y Barcelona es un tópico recurrente, pero los que no nacimos en ninguno de estos dos lugares y hemos vivido en ambos sabemos que en el fondo son ciudades que se admiran. A muchos nativos les costará reconocerlo, pero la capital de España envidia el orden, la sensatez y el sentido estético barceloneses, mientras que la Ciudad Condal se siente secretamente fascinada por la espontaneidad y la energía algo caótica tan propia de los madrileños.

Es fácil trasladar esta competencia infectada de atracción al terreno gastronómico. Todo barcelonés de orden reivindica la superioridad culinaria de su ciudad, pero si ha viajado a Madrid añorará su tapeo, su terraceo y sus cañas mil veces mejor tiradas; el madrileño de pro se felicita por la apabullante oferta hostelera a su disposición, pero ha abrazado el *pa amb tomàquet*, el fuet o los *calçots* como si no existiera la catalanofobia.

Donde no parece haber demasiada admiración, sino más bien enfrentamiento, es en un aperitivo popular en toda España, pero amado con especial fervor en los bares de ambas localidades: las patatas bravas. Todos aceptarán que esta tapa se define como un conjunto de patatas cortadas en trozos irregulares de tamaño mediano, fritas y bañadas por salsa picante, pero ahí se acaba la concordia. En Madrid, las bravas suelen llevar sólo una salsa, la brava, mientras que en Barcelona y en la costa mediterránea española, lo más común es combinarla con una mayonesa con ajo, también llamada —sin demasiado rigor— *all i oli*.

Para los madrileños ortodoxos, estas patatas no son bravas, sino «mixtas». Para los ultraortodoxos, son directamente «patatas con cosas», como insisten en definirlas cada vez que este debate rebrota en las redes sociales. Los puristas capitalinos también mantienen su particular guerra civil en casa, combatiendo con mayor furia si cabe a los locales que ponen tomate a la salsa brava. En su opinión, no debe llevarlo, porque toda su rojez debe provenir del pimentón.

La Academia Madrileña de Gastronomía secunda este «no» al tomate: en la receta de su página web, la salsa sólo lleva pimentón dulce, pimentón picante, cebolla, ajo, harina, vinagre, caldo de pollo y jamón, aceite de oliva y cayena si se quiere potenciar la bravura. Sin embargo, se muestra condescendiente con la doble salsa —«aceptamos que nuestros compatriotas levantinos llamen "bravas" a las patatas "mixtas"—, a la vez que alerta de peligros mayores: «Lo que nunca permitiremos es esa aberración de incorporar kétchup a unas patatas y llamarlas "bravas". ¡Por ahí sí que no pasamos!»

Parecida tolerancia mostró Raúl Cabrera en una entrevista en *El Comidista* en 2021. «Unas bravas son patata y picante», aseguraba el propietario de Docamar, un bar de Madrid reverenciado por esta especialidad desde 1963. «El ingrediente principal de la salsa debe ser el pimentón picante. Aquí tenemos una salsa más clásica, única, pero cuando vas a Cataluña y al Levante te ponen *all i oli*, y no pasa nada. Con las bravas no hay una receta: cada bar tiene una. Me gusta que haya innovaciones, siempre y cuando la gente reconozca la receta clásica.»

Haciendo una interpretación antropológico-cultural de *todo a un euro*, podríamos decir que la versión madrileña refleja la austeridad meseteña, mientras que en la catalano-levantina, más golosona, se entrevé cierta exuberancia mediterránea. Aunque si queremos buscar una explicación más técnica de las dos variantes, quizá es mejor bucear en la historia del plato, nacido en la frugal posguerra de la capital y reinterpretado más tarde en la boyante Barcelona de los sesenta.

Las patatas bravas, entendidas como patatas fritas sobre las que se vierte una salsa roja picante, nacieron en Madrid, sin que exista controversia alguna al respecto. La historiadora de la gastronomía Ana Vega, *Biscayenne*, asegura que en 1949 ya se servían en un bar de estilo cántabro de la calle Echegaray, llamado La Casona. Su creador fue el dueño del establecimiento, Joaquín Villegas Riancho, que para más señas era un fanático del deporte, fundador de la versión española de los *boy scouts* y —vaya por Dios— falangista hasta la médula. Se vendían como ración o se daban gratis como tapa bajo el nombre de «patatas casona» o «a la casona». Curiosamente, este nombre perdura en el Café Moderno de Logroño, que en los cincuenta contrató a un cocinero madrileño conocedor de las originales.

Las patatas bravas, entendidas como patatas fritas sobre las que se vierte una salsa roja picante, nacieron en Madrid, sin que exista controversia alguna al respecto

El exitazo fue tal que Villegas patentó el invento, pero para entonces otros bares como Casa Pellico o la taberna Vinícola Aurora Barranco —posteriormente reconvertida en Las Bravas— ya servían patatas con salsa picante. No está claro quién las rebautizó, pero Vega cree que tuvo que ser alguna persona de Latinoamérica, para la que fuera natural vincular «bravo» con «picante».

En la década de los sesenta, las bravas se popularizan en el resto de España, y llegan las menciones en obras literarias. En *Vivir en Madrid* (1967), Luis Carandell puso el acento en los orígenes humildes de la tapa: «Las patatas bravas, que en algunos sitios se llaman "patatas a lo pobre", son patatas fritas con salsa picante, como uno se imagina que los pobres comerían las patatas, es decir, untando pan en la salsa". A su vuelta del exilio, Max Aub no parecía muy entusiasmado con un plato que le resultaba extraño: «Ya no bastan las guindillas. Ahora hay patatas *bravas* y los mejillones arden. España ha cambiado hasta de estómago», escribía en *La gallina ciega* (1969).

¿Cuándo surgieron las bravas mixtas? Es difícil responder con certeza, porque para ponerle dos salsas a unas patatas fritas no hace falta un departamento de I+D. Lo que parece claro es que el núcleo irradiador de este modelo en Barcelona fue el bar Tomás, en el barrio de Sarrià. Fundado por Tomás Pujol en 1919, empezó a servir sus míticas bravas con *all i oli* y salsa picante en los sesenta. El Mandri, fundado en 1966, también se hizo famoso pronto por sus bravas, y en la década siguiente se apuntaron a la fiesta otros bares como La Esquinica. Los tres siguen en activo, con las *patates braves* como especialidad de la casa.

Mis condolencias para los madrileños, pero la primera receta escrita de las bravas no sólo corresponde al modelo mixto, sino que además la salsa picante lleva tomate. Y que no se vengan arriba los barceloneses, porque no la escribió nadie de su ciudad. Está incluida en el recetario *La cocina alicantina* (1973), del etnógrafo Francisco Sijo Alonso, quien recoge la fórmula de las bravas del restaurante El Parque, en Aspe (Alicante). Más allá de que la receta se adscriba a un estilo u otro, resulta llamativo cómo en menos de dos décadas las bravas habían arraigado en lugares alejados de Madrid, tanto que se consideraban una especialidad local.

Las bravas siguieron consolidándose como tapa nacional hasta el final del siglo XX. Aparte del conflicto salsero, hubo escuelas divergentes por el tamaño de la patata, que en general suele ser más grande en Madrid, y por la técnica de cocción, con la mayoría de los cocineros apostando por la fritura suave al principio y fuerte al final, pero con disidentes cociendo las patatas en agua para después dorarlas en la sartén. La tapa no permaneció ajena a la fiebre innovadora que vivió la alta cocina española a principios del siglo XXI: el cocinero Sergi Arola transformó las bravas clásicas en unos cilindros crujientes de patata rellenos de salsa picante y coronados de *all i oli*, que fueron imitados hasta el hartazgo.

Hoy las bravas están presentes en incontables bares de toda España, y siguen siendo demandadas tanto por los locales como por los extranjeros. No faltan lugares donde las bordan, tanto en Madrid (Docamar, Los Chicos, La Tasquita de Enfrente) como en Barcelona (Senyor Vermut, La Porca), pero el éxito ha traído consigo una irremediable vulgarización. Por desgracia es tan fácil tomarse una cerveza como toparse con unas patatas blandurrias, salidas de una bolsa de congelados, mal fritas, ahogadas en salsa rosa hecha con mayonesa de bote y kétchup, o mancilladas con carne picada y cosas peores, especialmente en las zonas frecuentadas por turistas. Esto nos debería preocupar más que el tomate en la salsa, la presencia del *all i oli*, la versión pura o la mixta, porque ahora mismo el verdadero problema de las patatas bravas es la calidad, no la diversidad.

Espinacas *esparragás*

INGREDIENTES
Para 4 personas

- **Unos 700 g de espinacas**
- **4 huevos**
- **2 dientes de ajo**
- **Unos 100 g de pan cortado en daditos**
- **1 pimiento choricero**
- **2 cucharadas de vinagre de Jerez**
- **1 cucharadita de comino molido**
- **Aceite de oliva**
- **Sal**

Acelerar

Si tienes prisa y una sartén grande, sáltate el escaldado de las espinacas y saltéalas directamente. Sustituye el pimiento choricero por una cucharadita rasa de pimentón dulce.

Variantes

El aceite se puede aromatizar friendo en él peladura de naranja y laurel, y retirándolos antes de majar. Las espinacas *esparragás* también funcionan como tapa servidas sobre pan frito o tostado.

Según el diccionario de la RAE, «esparragar» tiene dos acepciones: coger espárragos o despedir a alguien con enfado. Sin embargo, existe una tercera no reconocida por la Real Academia que nada tiene que ver con esa planta, y que podría significar «saltear» o «guisar». Es la que aplica a las espinacas *esparragadas* —pronúnciese *esparragás*—, uno de los grandes clásicos de la cocina andaluza, especialmente de Jaén.

En este plato de vigilia, que entra en su temporada alta en la Cuaresma y la Semana Santa, las espinacas se aderezan con un majado de pan frito, ajo y comino, en el que el magistral añadido acidulante del vinagre da alegría y ligereza a la mezcla. Después se suelen terminar con huevo en cantidad moderada, porque el resultado no debería parecer un revuelto.

Ángela León Gómez, cocinera del restaurante La AlcuzA en Pegalajar, me enseñó a hacer las espinacas *esparragás* a la manera de Jaén, y mi receta no se aleja mucho de sus dictados. Sólo incorporo alguna actualización con el manejo de los huevos copiada a mi compañera en *El Comidista* Mònica Escudero, porque creo que hace el plato aún más lujurioso.

PREPARACIÓN

1. Escaldar un minuto las espinacas en agua hirviendo con mucha sal. Dejarlas escurriendo sobre un colador.
2. Poner un buen chorro de aceite en una sartén a fuego medio. Cuando esté caliente, dorar los ajos, sacarlos y reservarlos.
3. Hacer lo mismo con el pimiento, teniéndolo poco tiempo para que no se queme.
4. En el mismo aceite freír el pan. Sacar y reservar. Retirar la sartén del fuego.
5. Poner el pan, el ajo y el pimiento en un mortero o un vaso batidor y triturarlo hasta formar una pasta.
6. Aderezar con el vinagre, el comino y sal, disolver con un chorrito de agua y reservar.
7. Retirar parte del aceite de la sartén y volver a ponerla a fuego medio. Cuando esté caliente, saltear las espinacas un par de minutos.
8. Añadir las claras de los huevos, reservando las yemas en un plato hondo o bol pequeño. Remover las espinacas con las claras hasta que éstas cuajen. Salar.
9. Añadir la pasta de pan frito y remover ligeramente.
10. Repartir las yemas por encima, retirar del fuego y dejar tapado un par de minutos para que se calienten. Servir inmediatamente.

Acelgas con queso Cebreiro

INGREDIENTES
Para 4 personas

- 800 g de acelgas
- 100 g de queso Cebreiro
- 2 dientes de ajo
- Aceite de oliva
- Pimienta negra
- Sal

Acelerar

La caramelización de la cebolla es más rápida si se añade la puntita de un cuchillo de bicarbonato. Además, también se puede cocinar en olla rápida, reduciendo el tiempo a 15-20 minutos.

Variantes

La misma receta se puede hacer con espinacas o con cualquier otra verdura cocida al punto. Si no encuentras Cebreiro, usa queso feta o alguno de cabra que se pueda desmigar.

Las acelgas no cotizan muy alto en el Ibex de las verduras más queridas. Sus notas ligeramente amargas generan rechazo en un país con los paladares cada vez más infantilizados, en el que se va achicando el espacio para los sabores que no sean dulzones y amables. Empieza a ser raro avistarlas en los restaurantes, y las espinacas les llevan una ventaja notable en las recetas que se publican en internet.

Quizá el desprestigio de las acelgas también tenga que ver con una de sus mejores virtudes: son baratas. Tras la reciente escalada en los precios de los alimentos frescos, éste puede ser un gran aliciente para aprender a quererlas, algo que no requerirá mucho esfuerzo si se cocinan correctamente. Lo fundamental es entender que las acelgas tienen dos partes muy diferenciadas (penca y hoja) con puntos de cocción distintos; el resto es tan sencillo como juntarlas con dos o tres ingredientes que encajen en su peculiar registro.

A mí me encantan como se comían en casa de mis padres, con un simple refrito de ajo y aceite de oliva, pero aquí las refuerzo con Cebreiro, un queso fresco gallego cuya cremosidad y ligera acidez acompañan increíblemente bien a esta verdura. Si además te das permiso para servirlas con unas patatitas fritas, alcanzarás la paz interior y el mundo tendrá un sentido para ti.

PREPARACIÓN

1. Poner a calentar agua en una olla con bastante sal.
2. Separar las pencas de las hojas de las acelgas. Cortar las pencas en dos o tres trozos si son muy largas.
3. Cuando el agua rompa a hervir, poner primero las pencas a cocer 5 minutos. Después añadir las hojas, dejar un par de minutos más, sacar y dejar escurriendo sobre un colador o escurridor.
4. Pelar y cortar en láminas los dientes de ajo.
5. Dorarlos en una sartén a fuego medio con 4 cucharadas de aceite de oliva. En el momento en el que estén dorados, ponerlos en un platito con papel de cocina encima.
6. Picar las acelgas y saltearlas en este mismo aceite un minuto. Salpimentar.
7. Servir con el queso Cebreiro desmigado por encima y las láminas de ajo frito si se quiere.

Brócoli con frutos secos y limón

INGREDIENTES
Para 4 personas

- 800 g de brócoli
- ½ limón
- 2 dientes de ajo
- 20 g de almendras tostadas o cualquier otro fruto seco
- 20 g de cacahuetes tostados o cualquier otro fruto seco
- 1 cucharada de sésamo
- ½ cucharadita de comino en grano
- ½ cucharadita de orégano
- ½ cucharadita de pimentón
- ½ cucharadita de chile en polvo o pimentón picante
- Aceite de oliva
- Sal

Impulsado por su verdor sexy y por su sabor más amable, el brócoli parece estar ganando la batalla a la coliflor en España. Ambas pertenecen a la familia de las *Brassicaceae* y comparten muchas notas comunes, pero el brécol, bróculi, brócol, brócul o bróquil (la RAE admite todas estas maneras de llamarlo) posee un aura más contemporánea. Algunos insisten en señalarlo como el máximo exponente de la comida soporífera; a mí me aburre un filete a la plancha, no una verdura que, bien cocinada y aderezada, es una fiesta.

Esta receta combina el brócoli con dos buenos amigos, el ajo y el limón, y lo remata con un picadillo de frutos secos y especias inspirado en el dukkah egipcio. También uso un truco copiado del restaurante Zuberoa, consistente en añadir un poco del aceite del refrito al agua de cocción de la verdura.

PREPARACIÓN

1. Tostar en una sartén grande a fuego medio el comino y el sésamo hasta que empiecen a oler, con cuidado de que no se quemen.
2. Ponerlos en un robot de cocina o en un mortero con las almendras, los cacahuetes, el orégano, el chile en polvo y ½ cucharadita rasa de sal. Triturar ligeramente sin reducir a polvo.
3. Pelar y cortar en láminas los dientes de ajo. Ponerlos en la misma sartén en la que hemos tostado el comino y el sésamo con 6 cucharadas de aceite a fuego bajo, para que se vayan confitando y dorando poco a poco. En cuanto estén dorados, sacar los ajos a un platito con papel de cocina, y apagar el fuego.
4. Poner a hervir agua abundante con mucha sal y un par de cucharadas del aceite de los ajos en una cazuela.
5. Con un cuchillo, separar los floretes del tallo del brócoli. Pelar la base del tallo y cortarlo en rodajas no muy gruesas.
6. Cuando el agua hierva, sumar las rodajas del tallo del brócoli y cocerlas unos 4 minutos. Añadir los floretes y cocerlos 3 minutos más, o hasta que estén al dente.
7. Escurrir bien el brócoli, pasarlo a la sartén con el aceite y ponerla a fuego alto. Saltear brevemente, mojar con el zumo del limón, dar un par de vueltas, corregir de sal y pasar a una fuente.
8. Servir con la mezcla de frutos secos y los chips de ajo por encima, un chorrito de aceite de oliva virgen extra y un poco de ralladura de limón si se quiere.

Lombarda a la montañesa

INGREDIENTES
Para 4 personas

- **800 g de col lombarda**
- **3 manzanas reinetas o golden**
- **2 dientes de ajo**
- **2 cucharadas de mantequilla**
- **3 cucharadas de vinagre blanco**
- **Aceite de oliva**
- **Sal**

Variantes

Añadir unos piñones tostados en la sartén o unas pasas hidratadas en vino puede ser una gran idea.

Acelerar

Cambia la mantequilla por aceite de oliva.

Muchos cántabros y no menos madrileños se sorprenderán al ver esta receta. Los primeros, porque no habrán oído hablar de este plato «montañés» (es decir, de su tierra) en la vida, y los segundos, porque les recordará sospechosamente a la lombarda navideña típica de la capital. Lo único que puedo decirles es que comparto su estupor: yo también me quedé picueto al verla en el libro *La cocina de los finisterres: viaje por las cazuelas de Galicia, Asturias, Cantabria y el País Vasco*, de Manuel Vázquez Montalbán.

El novelista, creador del detective *gourmet* Pepe Carvalho y gran aficionado a la gastronomía, no sólo recogió esta especialidad en dicho recetario, sino que la mencionaba como típica de Cantabria en un artículo sobre el restaurante El Molino de Puente Arce en *El País*. Montañesa de pura cepa o madrileña cual chulapa, lo que nos importa realmente es que su combinación de lombarda y manzana es pura inteligencia culinaria, porque la fruta resta contundencia a la col a la vez que complementa sus sabores.

Mi receta actualiza la de Vázquez Montalbán para preservar el mordiente y el colorido de la verdura, e incorpora un salteado en mantequilla de la manzana que no estaba en el original, pero que recomiendo encarecidamente porque hay pocas cosas mejores en el mundo que una manzana salteada en mantequilla.

PREPARACIÓN

1. Poner a hervir agua abundante con bastante sal en una cazuela y preparar un bol grande con agua con hielo.
2. Picar la lombarda en cuadrados o en tiras cortas no demasiado finas, desechando la parte blanca más dura del centro. Cocerla en el agua hirviendo hasta que esté al dente, unos 10 minutos.
3. Pasarla al agua con hielo, enfriar y dejar sobre un colador (el paso por agua con hielo se puede obviar, pero la lombarda queda con un color más bonito).
4. Pelar el ajo y cortarlo en láminas. Dorarlo en una sartén a fuego medio con un chorro generoso de aceite. Sacar el ajo a un platito con papel de cocina.
5. Añadir la lombarda a la sartén y después el vinagre. Salar, mezclar y dejar a fuego bajo mientras se hacen las manzanas.
6. Pelar las manzanas, quitarles el corazón y cortarlas en trozos de bocado.
7. Poner la mantequilla en otra sartén grande a fuego medio. Cuando se haya derretido y empiece a tostarse, añadir la manzana (si la sartén no es muy grande, conviene hacerlo en dos tandas). Saltear hasta que estén doradas y tiernas.
8. Servir la lombarda con la manzana y los ajos fritos por encima.

Pisto de calabacín

INGREDIENTES
Para 4 personas

- 2 calabacines medianos
- 400 g de tomate en conserva o fresco muy maduro
- 2 pimientos verdes
- 1 cebolla grande
- 1 diente de ajo
- Aceite de oliva
- Sal

Variantes

En Castilla-La Mancha no es raro arrancar el pisto dorando carne de cerdo picada en dados, sacarla y cocinar las verduras en el mismo aceite, para comerlo después todo junto (o no). En Cantabria le añaden bonito o atún, y para pasarlo por Bilbao, basta con juntarlo con huevo a modo de revuelto.

Fijar una receta para el pisto es una tarea tan titánica como buscar la fórmula «auténtica» del gazpacho, y probablemente igual de absurda. Hay pisto riojano, murciano, extremeño, cántabro o a la bilbaína, y ni siquiera el más famoso, el manchego, tiene una elaboración y unos ingredientes claramente definidos. Esto no significa que el plato no tenga unas características comunes en todo el país: siempre se trata de un preparado en el que distintas verduras se van sofriendo en aceite de oliva hasta formar una amalgama más o menos ligada.

El repertorio de ingredientes incluye en la mayoría de los casos pimiento y tomate; el ajo y la cebolla no suelen faltar como potenciadores de sabor, y en el batiburrillo pueden hacer acto de presencia hortalizas como el calabacín, la berenjena, la patata o la calabaza.

Ocasionalmente también aparecen carnes como el cerdo o pescados como el bonito o el atún, y el huevo, en formato frito o revuelto, puede decir «hola» en el remate final.

Mi receta se abstiene de incorporar estos últimos elementos de origen animal para reivindicar la pureza de un plato tradicionalmente vegano, al que le sobran encantos para enamorar. Todo el misterio del pisto reside en los puntos de cocción: las verduras tienen que quedar hechas, pero no pasadas, y el tomate debe perder casi todo su líquido para compactar el conjunto.

PREPARACIÓN

1. Picar la cebolla y los pimientos en trozos de unos 2 cm aproximadamente. Picar fino el ajo y el calabacín, en dados no muy grandes. Picar el tomate en trozos medianos, pelándolo antes si es fresco.
2. Poner una cazuela baja o sartén grande un chorro de aceite a fuego medio. Añadir la cebolla y un poco de sal, rehogar unos 10 minutos, removiendo de vez en cuando.
3. Añadir los pimientos y rehogar 10 minutos más, o hasta que se ablanden.
4. Seguir con el calabacín, salar ligeramente y dorar 5 minutos más con el fuego un poco más fuerte (medio alto), removiendo y vigilando que no se queme.
5. Por último, añadir el tomate, salar y cocinar a fuego medio hasta que haya perdido casi todo su líquido y el pisto esté espeso.

Judías verdes con patatas revolconas

INGREDIENTES
Para 4 personas

- **700 g de judías verdes**
- **2 patatas grandes o tres medianas**
- **1 diente de ajo**
- **½ cucharadita de pimentón dulce**
- **½ cucharadita de pimentón picante**
- **Aceite de oliva virgen extra**
- **Sal**

Variantes

La misma receta se puede hacer con cualquier otra verdura (alcachofas, brócoli, coliflor, acelgas, espinacas) ajustando el tiempo de cocción para que no se pasen.

Castilla y León, Castilla-La Mancha, Madrid y Extremadura

¿Puede un plato mal hecho darte más placer que uno técnicamente perfecto? A veces, sí. Vistas desde una perspectiva contemporánea, las vainas (judías verdes) de mi madre eran un cuadro por recocidas. Sin embargo, cada vez que me las servía con su refrito de ajo, algo en lo más recóndito de mi cerebro gritaba «¡SÍ!».

En esta receta no hay sitio para las verduras recocidas. Más bien propongo lo contrario: unas judías verdes planas cocinadas al punto, sin que rechinen en los dientes pero conservando su sabor original. Donde sí me tiro a la tradición es en las patatas, que podríamos llamar «revolconas»: ahí está el refrito de mi santa madre, potenciado con pimentón ahumado, para activar la dopamina del recuerdo. La receta se inspira en la ensalada tibia de vainas con patatas de Rodrigo de la Calle, incluida en su libro *Cocina verde*. Mi adaptación es bastante más simple, porque él es un gran cocinero, y yo, no.

PREPARACIÓN

1. Poner a calentar una cazuela con agua a fuego vivo y un par de cucharaditas de sal, y preparar un bol con agua y hielo.
2. Quitar a las judías los extremos que las unen a la planta. Cortarlas en tiras finas ligeramente en diagonal.
3. Cuando el agua esté hirviendo a borbotones, poner a cocer las judías y dejarlas unos dos minutos en cuanto el agua recupere el hervor. Sacar una y, con cuidado de no quemarse, probarla. Si está demasiado dura, dejar un minuto más.
4. Sacarlas con una espumadera (el agua se usará después para cocer las patatas) y ponerlas en el bol con agua helada.
5. Escurrirlas, ponerlas en un plato o bol, aliñarlas con un poco de sal y aceite de oliva virgen extra, taparlas y dejar que reposen.
6. Poner las patatas bien lavadas sin pelar en el agua en el que se han cocido las judías. Dejar que se hagan a fuego suave unos 20-25 minutos, o hasta que las pinchemos con un palillo o un cuchillo pequeño y entren con facilidad. Apagar el fuego y dejar que se templen dentro del agua.
7. Cuando estén tibias, sacarlas del agua, pelarlas, ponerlas en un bol, desmigarlas un poco con un tenedor y salarlas.
8. Calentar seis cucharadas de aceite en una sartén grande a fuego medio. Mientras se calienta, picar el ajo y añadirlo.

9. Cuando el ajo empiece a dorarse, apartar la sartén del fuego e incorporar el pimentón. Menear la sartén para que se integre bien y verter el aceite sobre un cuenco, pasándolo por un colador si no se quiere poner el ajo en las patatas.
10. Limpiar un poco la sartén con un papel de cocina y devolverla al fuego. Saltear allí las judías verdes, lo justo para que se calienten (un minuto). Devolverlas a su bol.
11. Poner las patatas en la sartén y removerlas para que se calienten uniformemente. Regarlas con el aceite sin que caiga sobre ellas el poso de pimentón. Remover, con cuidado para que no se conviertan en un puré, hasta que se tiñan de rojo.
12. Servir las patatas con las judías verdes por encima.

Tortitas de verduras

INGREDIENTES
Para 4-6 personas

Para cada una de las opciones

- 2-3 huevos
- Entre 70 y 100 g de harina
- 1 cucharadita de impulsor químico
- Pimienta negra
- Aceite de oliva
- Sal

Tortitas de brócoli y zanahoria

- 250 g de brócoli
- 250 g de zanahoria
- 150 g de queso de tetilla o Arzúa-Ulloa rallado o picado
- 2 cucharadas de menta picada

Tortitas de calabacín y col

- 250 g de calabacín
- 250 g de col
- 150 g de queso Mahón rallado o picado
- 2 cucharadas de cebollino picado

Tortitas de espinacas y coliflor

- 250 g de espinacas
- 250 g de coliflor
- 150 g de queso Cabrales o Gamoneu picado
- 2 cucharadas de albahaca

Veganizar

Cambia los huevos por tahini o harina de garbanzo disuelta en agua, y usa quesos veganos.

Las tortitas son una buena manera de iniciar en las verduras a los más reacios al mundo vegetal. Sabrosas, fáciles de comer y definitivamente *niño-friendly*, su pequeña carga de huevo y harina sirve para limar asperezas y engatusar a los que salen despavoridos cuando oyen la palabra «brócoli». También son útiles para dar salida a esas hortalizas que languidecen en la nevera sin que sepas muy bien qué hacer con ellas, y encima no requieren demasiado trabajo.

Hay múltiples verduras con las que puedes hacer este plato, y con esta fórmula las podrás elegir a tu antojo. Basta con que respetes las proporciones (500 g de verduras picadas, 150 g de queso, hierbas al gusto más los ingredientes básicos), y a inventar. Por si no andas muy boyante de imaginación, doy tres combinaciones ya pensadas: brócoli y zanahoria, calabacín y col, y espinacas y coliflor. Se recomienda tomarlas con **salsa de yogur y aguacate** (ver pág. 248), con **alioli suave de manzana** (ver pág. 250), mayonesa tuneada con algún picante o cualquier salsa simple de yogur, zumo de limón, cebollino y sal.

PREPARACIÓN

1. Rallar las verduras (con los agujeros más grandes del rallador) o picarlas en caso de que sean de hoja, como las espinacas.
2. Mezclarlas con todos los demás ingredientes salvo la sal, empezando con 2 huevos y 70 g de harina. Si la mezcla se ve muy seca, añadir un huevo más y mezclar. Si se ve muy líquida, añadir algo más de harina.
3. Dejar reposar la masa entre 15 minutos y media hora en la nevera. Si después del reposo ves la mezcla demasiado húmeda, añadir un poco más de harina. Salar.
4. Calentar una sartén a fuego medio con un poco de aceite.
5. Coger una porción de masa con una cuchara y darle forma de torta con las manos (también se puede poner directamente en la sartén y aplastarla con una pala de cocina, si se prefiere una forma más irregular).
6. Cocinar las tortitas pasándolas por la sartén por las dos caras, un par de minutos por cada una. Entre tanda y tanda, conviene añadir un chorrito de aceite más a la sartén.
7. Servir con alguna salsa para mojarlas.

Quesos para una cocina sin queso

Miras a Francia. ¿Qué ves? Un montón de platos típicos con queso, de la sopa de cebolla al *gratin dauphinois* pasando por la quiche *lorraine*, la *parmentier* o la *tartiflette*. Te vuelves hacia Italia. ¿No llevan queso muchas de sus pastas, pizzas o risottos más emblemáticos? Ahora piensas en España. ¿Qué ha pasado aquí? ¿Por qué apenas hay queso en el recetario tradicional?

Si rebuscamos, encontraremos algunos ejemplos de uso en Baleares, como los *flaos*, las *formatjades* o la *greixera* de queso, pero, más allá de estas excepciones, nuestra cocina no ha sido muy dada a emplear el lácteo como ingrediente. «Salvo en algunas zonas del norte del país, el queso no ha sido un alimento que se consuma o se valore mucho», asegura el organizador de catas y experto en quesos Kike Ojanguren. «La gente lo ve como algo para momentos excepcionales, y como mucho se utiliza como un ingrediente de acabado. En Francia o Italia hay tanta tradición quesera que no se considera algo festivo, sino de diario, y por eso es como un ingrediente más.»

Los españoles no somos grandes productores y consumidores de queso si nos comparamos con otros países europeos. Si elaboramos y comemos menos queso, parece lógico que cocinemos menos con él, pero ha habido otros motivos por los que este producto ha estado alejado de los fogones españoles. En un artículo en *El Comidista*, el periodista Jorge Guitián apuntaba que el queso sí está presente en recetas de libros anteriores al siglo XVII, pero fue desapareciendo por distintos factores económicos. A partir del XVIII, con España relegada al estatus de país pobre y atrasado respecto al resto de Europa, se volvió un producto caro y no siempre disponible.

En la actualidad, el consumo de este lácteo ha subido: 2 kilos más por habitante al año que a principios de siglo. Pero usamos mucho queso barato, en lonchas y comprado en el supermercado para bocadillos y gratinados, no tanto quesos tradicionales en platos más elaborados. De alguna forma, pervive una vieja idea arraigada en tiempos de escasez: cocinar con un buen queso es malgastarlo.

Jorge Guitián se revuelve contra este prejuicio anticulinario: «Cocinar con queso permite resultados muy interesantes, incluso con ejemplares normalitos. No creo que sea desperdiciarlos.» La periodista gastronómica Mònica Escudero coincide en defender los buenos quesos en platos elaborados: «Cuando lo usas para cocinar necesitas mucha menos cantidad que cuando te lo comes a palo seco, así que puedes recurrir a un queso digno sin dejarte el sueldo en ello.»

España cuenta con una variedad notable de quesos de vaca, oveja y cabra, dentro o fuera de las 31 denominaciones de origen o indicaciones geográficas protegidas, a los que se les puede sacar partido en muchas preparaciones. Éstos son algunos de los mejores para cocinar.

Arzúa-Ulloa y Tetilla

Dos quesos gallegos de leche de vaca diferentes en la forma, pero similares en el fondo: pasta blanda, poca sal, sabor suave a leche fresca y ligera acidez. Se funden increíblemente bien y son respetuosos cuando los combinas con otros ingredientes, por lo que valen lo mismo para un **san jacobo** (ver pág. 228) que para un pescado. «En las últimas décadas han ganado presencia en un montón de platos diferentes, desde tapas

hasta principales», afirma Jorge Guitián. «En Arzúa (A Coruña) hay un restaurante tradicional, Casa Chelo, que prepara un bacalao confitado con Arzúa-Ulloa que no es tradicional, pero que acabará siéndolo.»

Cebreiro

Rareza absoluta en el panorama quesero español, el Cebreiro es un queso fresco de vaca de textura granulosa y untuosa a la vez, aprovechable al máximo en toda clase de platos. «La combinación de frescura y acidez me encanta», asegura Mònica Escudero. «Funciona tanto frío —en ensaladas o para rematar un gazpacho es una locura— como caliente, medio fundido sobre una tostada, mezclado con pasta o encima de una crema de verduras.» A mí me encanta con espinacas o **acelgas rehogadas** (ver pág. 124).

La Peral

Para entendernos, podríamos definir el La Peral como un roquefort a la asturiana. Elaborado por una sola quesería en una aldea del concejo de Illas, «es más cremoso, más suave y más versátil en cocina que otros azules más populares», según Jorge Guitián. «Poner un poco en un arroz para mantecarlo, en la salsa de una carne o en elaboraciones dulces da mucho juego y aporta matices que pueden transformar completamente un plato.»

Garrotxa

La corteza grisácea hace fácil distinguir este queso catalán, cuyo método de elaboración es único entre los quesos de cabra europeos: el moho que lo recubre no sólo lo protege, sino que lo dota de una textura ligeramente elástica y un sabor más intenso de lo que aparenta. «Pese a no estar muy curado, es bastante más gustoso de lo que puede parecer de salida», afirma Mònica Escudero. «Me gusta comerlo tal cual con un chutney o en un bocata de verduras a la plancha con romesco. En ensaladas de tomate queda de muerte, y también sirve para fundir y gratinar.»

Idiazábal

Si dentro del catálogo español hay un queso todoterreno para la cocina, ése es el Idiazábal. Este queso vasco-navarro de oveja latxa o carranzana eleva cualquier crema, como la **crema suave de coliflor** (ver pág. 102), pero sus usos son múltiples, tanto en su versión ahumada como en la que no lo está. Para Mònica Escudero, «está bueno con verduras de invierno como las alcachofas, simplemente rallado por encima en cantidad generosa y con un poco de pimienta. También como relleno de unas pencas de acelga rebozadas o encima de una sopa con verduras y legumbre».

Mahón-Menorca

Como el Idiazábal, el Mahón-Menorca es un queso de vaca de pasta prensada que en la cocina vale igual para un roto que para un descosido: sólo hay que pensar cuál de las tres variedades —tierno, semicurado y curado— es la que mejor se adapta al plato. «El tierno me gusta usarlo mezclado con la pasta en los clásicos macarrones catalanes con sofrito de carne de cerdo», confiesa Mònica Escudero. «El curado tiene una salinidad y una textura increíbles», secunda Kike Ojanguren. «¿Por qué una pasta tiene que llevar siempre parmesano? ¿Por qué una sopa de cebolla tiene que ser con comté? El Mahón me gusta para las dos cosas.»

Cabrales y Gamoneu

Ambos asturianos y azules, el Cabrales y el Gamoneu son quesos de vaca, oveja y/o cabra, potentes de sabor, persistentes y con un punto picante. Quizá sean los quesos con más tradición culinaria de España, porque se llevan utilizando desde hace bastantes años en croquetas y salsas para carne (escalopines) o patatas. «Dan mucho juego, pero son difíciles de manejar», avisa Kike Ojanguren. «Si los cocinas mucho quedan demasiado intensos, hay que tener mano.» Un camino sin riesgos: aprovecharlos en **ensaladas de hinojo, remolacha** o **endivias** (ver pág. 75).

Torta del Casar y queso de La Serena

Otros bichos raros —en el mejor sentido— del panorama quesero español. Los dos vienen de Extremadura, se elaboran con leche de oveja y se cuajan con una infusión de flor de cardo, pero lo que los distingue del resto es su interior ultracremoso, que a temperatura ambiente se puede untar como si fuera una fondue. Para incorporarlos como base de cualquier tostada no tendrás ni que fundirlos, y se prestarán gustosos a transformarse en salsa a nada que los calientes con un poco de nata. «Combinada con carnes de cerdo ibérico, por ejemplo, la torta forma un combo ganador.»

Manchego

Posiblemente el más conocido fuera de España —y también, por desgracia, uno de los más maltratados—, el manchego es un queso de pasta prensada elaborado con leche de oveja de raza manchega, que se puede comprar semicurado, curado o añejo. Intenso sin llegar a ser demasiado dominante, yo suelo usar el curado o el añejo en cualquier receta en la que ponga «parmesano». Vale para pastas, ensaladas, croquetas, galletas saladas o como agente de refuerzo en cualquier salsa cremosa. Sin olvidar los usos dulces: «Lo mismo que un Idiazábal, un Gamoneu o un Mahón, un manchego puede aportar matices fantásticos en una tarta de queso», sentencia Jorge Guitián.

Espárragos salteados

INGREDIENTES
Para 4 personas

- **Unos 700 g de espárragos blancos frescos**
- **50 g de mantequilla**
- **2 cucharaditas de azúcar**
- **Sal y pimienta recién molida**
- **4 huevos (opcional)**

Veganizar

Cambia la mantequilla por aceite de oliva.

Variantes

La receta se puede hacer igual con espárragos verdes gruesos, o con finos acortando el tiempo de cocción. Los huevos se pueden sazonar con un poco de pimentón picante o guindilla picada.

Los espárragos blancos frescos cocinados al momento son siempre una revelación para quienes nunca los han comido. Están tan lejos del espárrago en conserva que casi parecen un alimento distinto, y yo invitaría a probarlos a las personas que sienten repelús con la consistencia blandurria y aguada de sus hermanos de lata.

Cocinar espárragos blancos enteros conlleva ciertos problemas técnicos, porque esta verdura es muy tierna en su yema pero se va poniendo más dura cuanto más nos acercamos a la base. Para acertar con los puntos de cocción hay dos soluciones: o compras una cazuela especial muy alta y estrecha que no usarás para nada más en la vida, o aplicas un truco consistente en picar los espárragos, ablandar primero la base y después añadir las yemas.

En esta receta apuesto por lo segundo, que quizá no quede tan vistoso pero es mil veces más práctico. Que me perdonen en Navarra y La Rioja, pero no cuezo los espárragos a la manera tradicional, sino que los salteo en mantequilla con un poco de azúcar para suavizar el amargor. La idea se la copié a Miriam García, autora del blog *El Invitado de Invierno*, que a su vez la tomó del cocinero belga Pascal Devalkeneer, y no me resisto a difundirla porque te apaña una cena de auténtico lujo en 20 minutos.

PREPARACIÓN

1. Si los espárragos se van a tomar con huevos, cocer éstos previamente en agua hirviendo suave con sal 7 minutos. Pasarlos por agua fría.
2. Cortar el extremo más leñoso de los espárragos y desecharlo (se puede usar para caldo). Pelar los espárragos. No hace falta hacerlo en los 2 o 3 cm más cercanos a la yema.
3. Cortar los espárragos en sentido oblicuo, en trozos de unos 2 o 3 cm, dejando aparte las yemas enteras.
4. Poner la mantequilla en una sartén a fuego medio. Cuando se haya derretido, añadir los espárragos sin las yemas y el azúcar. Rehogar unos 5 minutos a fuego medio, removiendo de vez en cuando.
5. Añadir las yemas y rehogar unos 4 minutos más.
6. Sazonar con sal y pimienta, y si los espárragos no se han dorado, subir un poco el fuego y saltearlos un par de minutos más hasta que se doren y estén tiernos.
7. Servir los espárragos con los huevos pelados, cortados por la mitad y salpimentados encima.

Cardo con almendras

INGREDIENTES
Para 4-6 personas

- 1 kg de cardo fresco o 800 g de cardo en conserva
- 2 ½ dientes de ajo sin pelar
- ½ cucharada rasa de maicena
- 1 cucharadita de pimentón
- 250 ml de leche
- 100 g de almendras
- El zumo de ½ limón (si se usa cardo fresco)
- Perejil
- Sal

Veganizar

Cambia la leche de vaca por bebida de almendras sin azúcar.

Variantes

La misma receta se puede hacer con borraja. También puedes incorporar otros frutos secos al gusto (nueces, anacardos o pistachos).

El cardo es una absoluta delicia que, inexplicablemente, sólo se come con regularidad en el noreste medio de España. Es decir, en esa franja que va del País Vasco a Aragón y pasa por Navarra, La Rioja o Soria. Las pencas cocidas de esta espinosa planta, prima de la alcachofa, se suelen acompañar de salsorras cremosas en cuya elaboración no es raro que aparezcan frutos secos. El consumo en su mejor época, el invierno, alcanza picos en las fiestas navideñas.

La mayor dificultad del cocinado de esta verdura es su limpieza, pero este paso te lo puedes saltar si lo compras congelado o envasado. No te sientas culpable por tirar de un cardo de bote: la ex presidenta de la Real Academia de Gastronomía, Lourdes Plana, lo usó en un vídeo en *El Comidista*, y si ella puede, tú también. Ésta es su receta, en la que sólo he hecho una modificación: almendras en vez de piñones. Si eres duque, conde o marquesa, como algunos miembros de la susodicha institución, puedes comprar este carísimo fruto seco y revertir el cambio.

PREPARACIÓN

1. Si se usa cardo fresco, limpiar muy bien las pencas por ambos lados. Cortarlas en trozos regulares y ponerlas en un bol con agua y el zumo de limón. Cocerlos en agua hirviendo abundante con sal hasta que estén tiernos. Escurrirlos y reservar el agua de cocción.
2. Dorar los dientes de ajo a fuego suave en una cazuela baja con un poco de aceite.
3. Retirarlos y, en el mismo aceite, añadir la harina. Darle unas vueltas y cocinarla suave unos minutos.
4. Apartar del fuego y añadir el pimentón. Mojar con la leche y 250 ml del agua de cocción o de la conserva si se usa cardo de bote. Salar, volver a poner al fuego y remover para que la salsa ligue. Dejar un par de minutos.
5. Incorporar los cardos y dejar cocer unos minutos.
6. Mientras, majar en un mortero o triturar en un robot o con batidora de mano las almendras (reservando unas pocas para decorar), medio diente de ajo pelado y el perejil. Incorporar la picada a la cazuela y cocer todo junto unos 10 minutos.
7. Rectificar de sal y de espesor la salsa: si está demasiado densa, añadir líquido de los cardos. Si está muy líquida, se pueden triturar unos trozos de cardo y devolverlos a la cazuela.
8. Servir con las almendras reservadas picadas por encima y, si se quiere, con un poco de perejil también picado.

Menestra del siglo XXI

INGREDIENTES
Para 4 personas

Verduras

- 8 espárragos verdes
- Unos 200 g de judías verdes y/o tirabeques
- Unos 200 g de floretes de brócoli, coliflor y/o romanescu
- 4 alcachofas
- Unos 100 g de guisantes y/o habas
- Unos 100 g de calabacín (parte exterior)
- 2 zanahorias
- Aceite de oliva
- Sal

Salsa

- La parte central de un calabacín
- 4 hojas grandes de espinacas
- 300 g de patata
- 300 g de cebolla
- 1 diente de ajo
- 300 ml de caldo de verduras
- Perejil
- Aceite de oliva
- Sal

Variantes

Las verduras se pueden intercambiar con otras que estén en temporada al gusto.

La menestra es una de las grandes fantasías verduleras del recetario tradicional español. Prima hermana del panaché —maravillosa viejunez en peligro de desaparición—, consiste básicamente en reunir las diferentes hortalizas y bañarlas en una salsa. Invitadas a la fiesta habituales suelen ser la zanahoria, los guisantes, las judías verdes o los espárragos, aunque en la menestra cabe casi cualquier vegetal en temporada. O animal, porque su sabor se suele reforzar con pequeñas dosis de jamón o cordero.

La zona de España donde más se ha consumido este plato comprende el sur de Navarra, La Rioja y Aragón, regiones bendecidas por el paso del río Ebro e históricamente ricas en cultivos de verdura. Por desgracia, la menestra ha sufrido demasiadas cocciones excesivas que le han dado cierta fama de plato anticuado, pero en el restaurante madrileño La Carmencita siguen creyendo en ella. Esta es su receta simplificada, que trae el clásico al siglo XXI aplicando códigos contemporáneos: puntos de cocción ajustados, salteado para potenciar el sabor, salsa de color verde intenso y aprovechamiento máximo de la materia prima.

PREPARACIÓN

1. Pelar las alcachofas quitándoles las hojas exteriores y las puntas. Cocerlas un par de minutos en agua hirviendo con sal.
2. Escaldar las habas, si se usan, en la misma agua y pelarlas.
3. Cortar los espárragos, las judías verdes, la zanahoria, el calabacín y el brócoli, la coliflor o el romanescu en trozos pequeños, y las alcachofas, en cuartos. Las partes sobrantes de las verduras se pueden usar, si se quiere, para hacer el **caldo de verduras** (ver pág. 90).
4. Para la salsa, picar el ajo y la cebolla y rehogarlos a fuego suave en una cazuela. Añadir la patata, el centro del calabacín y el caldo, salar y dejar cocer 20 minutos.
5. Añadir las espinacas y dejar que se cocinen un minuto. También se puede poner perejil fresco para dar un color más intenso.
6. Triturar y añadir un poco más de caldo si se ve muy densa. Corregir de sal, pasar por un chino o colador para conseguir una salsa fina.
7. Saltear las verduras en una sartén a fuego medio alto con un chorro de aceite de oliva. Añadirlas en orden según su tiempo de cocción: primero las zanahorias, después los espárragos, la coliflor o romanescu, el brócoli, las alcachofas, los guisantes, las habas y los tirabeques si se usan, las judías y, por último, el calabacín. Cuando estén al punto, salar.
8. Servir las verduras sobre un fondo generoso de salsa.

La fórmula mágica de la hamburguesa vegetal

INGREDIENTES
Para 8 hamburguesas

2 tazas (unos 250 ml) de verduras picadas o ralladas (elegir de 1 a 3): boniato, remolacha (puede ser cocida), zanahoria, setas, espinacas, calabaza, brócoli, coliflor, alcachofas (pueden ser en conserva), pimientos (pueden ser en conserva), calabacín, berenjena

1 taza de granos cocidos (elegir 1): arroz, quinoa, cuscús o bulgur

1 taza y ½ de legumbres cocidas (elegir 1 o 2): judías blancas o rojas, lentejas marrones o rojas, garbanzos

½ taza de potenciadores de sabor o textura (elegir 2): hierbas frescas picadas (albahaca, cilantro, perejil, etcétera), semillas (pipas de girasol, calabaza, etcétera), frutos secos picados, tomates secos picados, aceitunas picadas, sésamo, aguacate aplastado, tahini, queso de cabra desmigado

3-4 cucharaditas de especias o hierbas secas (elegir de 2 a 4): comino, pimentón, cayena, orégano, romero, tomillo, curry, canela, cilantro en polvo, pimienta blanca o negra, cúrcuma

Además:
½ taza de pan rallado, 1 cebolla mediana picada, 1 diente de ajo picado, 2 yemas de huevo (opcional), aceite de oliva, sal

Las hamburguesas vegetales sólo tienen un problema: que no son hamburguesas. Las llamamos así porque su formato, que podríamos definir como «tortita de comida picada que se pasa por la plancha y se suele comer en bocadillo de pan redondo junto a otros ingredientes y salsas», es el mismo que el de las originales. Más allá de eso, no tienen mucho en común con sus primas cárnicas, y por tanto, carece de sentido establecer comparaciones. Son una forma atractiva —y cada vez más popular en España— de comer verduras y legumbres, y con eso debería bastar.

Cuando preparas una hamburguesa sin carne te puedes enfrentar a dos dramas: que se te deshaga en la sartén o que te quede pastosa cual hormigón armado. De ambos te puede salvar una buena elección de ingredientes y el equilibrio en las cantidades, y aquí es donde entra en juego esta fórmula mágica, adaptada de la web *The Cookful*. Este «elige tu propia aventura» verdulero es la única receta del libro con tazas como medida, porque en este caso resulta muy cómoda para calcular las proporciones.

PREPARACIÓN

1. Rehogar la cebolla, el ajo y las verduras (si están ralladas, cocidas o son de conserva, no hace falta rehogarlas) en una sartén a fuego medio con un chorro de aceite de oliva y sal.
2. Aplastar un poco las legumbres con un tenedor en un bol hasta formar una pasta grumosa.
3. Mezclarlas bien con los demás ingredientes. Si la mezcla está muy seca y se desmiga, añadir un poco de agua a cucharadas. Si está muy húmeda, más pan rallado. Corregir de sal y especias.
4. Formar las 8 hamburguesas y dejarlas sobre papel de horno sobre una bandeja o en dos platos. Meter en el frigorífico y dejar reposar media hora.
5. Pasar por la sartén con un poco de aceite a fuego medio alto. Servir con el acompañamiento deseado.

POSIBLES COMBINACIONES

Calabacín y zanahoria ralladas, setas, arroz, alubias blancas, queso de cabra, avellanas, orégano y pimienta negra.

Alcachofas en conserva, bulgur o cuscús, garbanzos, aceitunas y tomates secos picados y tomillo y romero.

Coliflor rallada con espinacas, quinoa, lentejas rojas, anacardos tostados y cilantro, y cúrcuma con comino, curry y cayena.

Arroces, pastas y huevos

Arroz y habichuelas

INGREDIENTES
Para 4 personas

- **400 g de habichuelas (judías blancas) cocidas o 200 g de habichuelas secas**
- **150 g de arroz**
- **200 g de tomate muy picado o triturado**
- **4 alcachofas**
- **1 nabo (unos 200 g)**
- **6 ajos tiernos (o en su defecto 2 dientes de ajo)**
- **1 cebolla**
- **2 cucharaditas de pulpa de ñora (opcional)**
- **1 cucharadita de pimentón dulce no ahumado**
- **1,2 l de caldo de cocción de las alubias, caldo de verduras o agua**
- **Aceite de oliva**
- **Sal**

Acelerar

Pon el sofrito, el arroz, el nabo en la olla rápida donde has cocido las alubias, y cocina a presión 5 minutos.

Variantes

Añadir judías verdes, patata, boniato, pimiento o azafrán a este arroz es bastante frecuente.

 **Murcia**

No sé si la cocina tradicional murciana es la mejor de España, pero desde luego es una de las más ricas en recetas tan particulares como poco conocidas fuera de sus fronteras. Aunque su apuesta por lo vegetal no resulte extraña en un territorio históricamente ligado a la producción de verdura, sorprende por ser bastante más vegetariana —y en ese sentido, moderna— que las del resto de regiones españolas. Para los que nos emocionamos más con una alcachofa o una berenjena que con un entrecot, comer en la Región de Murcia es una bendición.

El arroz y habichuelas —que nadie se asuste, son judías blancas— es un ejemplo más de cocina *plant-based* murciana inventada muchos años antes de que alguien dijera «*plant-based*». También se conoce como «arroz con habichuelas», pero que muchos habitantes de la zona prefieran usar el «y» tiene cierto sentido, porque el cereal y la legumbre cuentan con el mismo nivel de protagonismo en el plato. No es estrictamente un arroz ni tampoco un potaje de legumbres, sino algo delicioso en un punto intermedio.

PREPARACIÓN

1. Si se usan habichuelas secas, habrá que dejarlas en remojo la noche anterior. Se cocerán en una olla rápida con 1,2 l de agua aproximadamente unos 20 minutos, o en olla normal tapadas una hora o hasta que estén tiernas.
2. Poner un chorro de aceite a calentar a fuego medio en una cazuela grande.
3. Limpiar las alcachofas quitando las hojas exteriores hasta que la base se vea amarilla, cortando las puntas y pelando los tallos, desechando el extremo más duro de éstos.
4. Cortarlas en cuartos y saltearlas en la cazuela a fuego medio alto, moviéndolas de vez en cuando.
5. Mientras las alcachofas se hacen, picar finamente la cebolla.
6. Cuando las alcachofas estén doradas y tiernas, ponerlas en un plato hondo.
7. Bajar el fuego a medio y rehogar la cebolla con una pizca de sal en la misma cazuela unos 5-10 minutos, removiendo de vez en cuando.
8. Mientras la cebolla se hace, picar los ajos tiernos en trozos de unos 2 cm (si se usan dientes de ajo, picarlos finamente).
9. Cuando la cebolla esté blanda y ligeramente dorada, añadir los ajos a la cazuela y sofreír un par de minutos.
10. Sumar el pimentón y remover medio minuto. Añadir la ñora y el tomate y remover.

11. Mientras el sofrito se va haciendo, pelar el nabo y cortarlo en daditos de unos 2 o 3 cm.
12. Cuando el sofrito haya espesado, poner en la olla el arroz y el nabo, rehogar 1 minuto y añadir las habichuelas, su líquido de cocción en caso de que las hayamos cocido, o el caldo de verduras o el agua si no lo hemos hecho. Salar y cocer unos 18 minutos o hasta que el arroz esté al dente, meneando la cazuela de vez en cuando.
13. Corregir de sal, poner las alcachofas por encima, y tapar y dejar reposar un par de minutos. Si se ve muy espeso, se puede aligerar con un poco de caldo o agua. Servir con pimientos encurtidos si se quiere.

Arroz a la cubana deluxe

INGREDIENTES
Para 4 personas

- 350 g de arroz largo
- 500 ml de caldo de pollo o de verduras (en su defecto, agua)
- 4 huevos
- 4 plátanos verdes
- Aceite de oliva
- Sal
- Sofrito
- 500 g de tomate triturado
- 1 cebolla
- ½ pimiento verde
- ½ pimiento rojo
- 4 dientes de ajo
- 1 hoja de laurel
- 1 cucharadita de comino
- 1 cucharadita de orégano
- 2 cucharadas de tomate concentrado
- Aceite de oliva
- Pimienta negra
- Sal

Acelerar

Puedes tirar de una salsa de tomate o un sofrito comprado de buena calidad y aromatizarlos con comino.

El arroz a la cubana tiene de cubano lo mismo que la paella: nada. El plato es un invento español, probablemente creado a principios del siglo XX como medicina para matar la añoranza de los que volvieron de Cuba después de que la isla se independizara de España en 1898. Reúne elementos que sí se tomaban allí, como el arroz blanco con huevo o salsa de tomate, e imita con plátano canario el plátano macho frito presente en numerosas recetas criollas. Sin embargo, la receta y su combinación fija de estos cuatro elementos no existe en el país caribeño, y sólo se cocina en España.

El nombre ligeramente falsario del arroz a la cubana no le quita ni un ápice de gozo al hecho de comerlo. No es sólo que a muchos nos recuerde a la infancia: su mezcla de sabores y texturas es un éxito absoluto, siempre que el plato se trate con el respeto que merece. Entre un arroz a la cubana con el cereal pasado y tomate regulero de bote y uno hecho con mimo hay un abismo del tamaño del Atlántico. Mi fórmula apuesta por un sofrito de estilo —éste sí— cubano, un arroz bien aliñado y unos tostones de plátano crujientes por fuera y cremosos por dentro. ¿Es un poco laboriosa? Sí. ¿Pone el arroz a la cubana a otro nivel? También.

PREPARACIÓN

1. Picar la cebolla, el pimiento rojo y el verde.
2. Rehogarlos con un poco de aceite y una pizca de sal en una sartén, a fuego medio unos 10-15 minutos, hasta que se ablanden.
3. Añadir un ajo picado, el laurel, el comino y el orégano, y rehogar un par de minutos más.
4. Agregar el tomate concentrado, el triturado y un poco de sal y pimienta.
5. Dejarlo a fuego lento entre 20 y 30 minutos o hasta que reduzca y se haya espesado.
6. Mientras se hace la salsa, lavar el arroz y ponerlo en un cazo junto con el caldo y un poco de sal.
7. Calentarlo a fuego fuerte, y cuando empiece a hervir, bajar a fuego suave y cocinar unos 15 minutos, hasta que haya absorbido el caldo.
8. Dejarlo reposar cinco minutos más fuera del fuego. Poner un trapo debajo de la tapa para que el vapor no gotee.
9. Pelar los plátanos verdes, cortarlos en dos trozos y freírlos en aceite a fuego medio hasta que se reblandezcan, pero sin que se doren. Darles la vuelta para que se cocinen por todos los lados.
10. Cuando se hayan reblandecido, sacarlos del aceite, ponerlos entre dos capas de papel film y aplastarlos suavemente con una sartén o un cazo.

11. Subir el fuego y, cuando el aceite esté bien caliente, freír los tostones hasta que éstos se doren y queden crujientes. Ponerlos sobre papel de cocina para que pierdan el exceso de grasa y salpimentarlos.
12. Si el aceite de los plátanos no se ha quemado, bajar el fuego y dorar en él tres dientes de ajo cortados en láminas. Si ha humeado mucho, cambiarlo y hacer lo mismo con uno nuevo.
13. Retirar los ajos, picarlos y añadirlos al arroz junto con tres o cuatro cucharadas del aceite en el que se han frito. Añadir perejil picado y remover.
14. Freír los huevos en el aceite restante y salarlos. Poner el arroz, los huevos, el sofrito y el plátano en un plato, y servir.

Arroz con pulpo

INGREDIENTES
Para 6 personas

- **400 g de arroz**
- **400 g de pulpo cocido**
- **1,5 l de caldo de pescado o agua de cocer el pulpo**
- **50 ml de vino blanco**
- **1 cebolla**
- **1 pimiento verde**
- **3 dientes de ajo**
- **1 cucharadita de pimentón dulce**
- **1 guindilla roja seca**
- **Aceite de oliva virgen extra**
- **Sal**

Variantes

Puedes añadir tomate, pimiento rojo o pulpa de ñora o pimiento choricero al sofrito.

Desprovistos de una tradición muy arraigada y eclipsados por la brillantez de sus primos levantinos, los arroces del norte de España no poseen ni de lejos la reputación de los valencianos o alicantinos. Sin embargo, el cereal se ha consumido con bastante intensidad en Galicia y el litoral cantábrico, y ha dado lugar a algunas fórmulas de lo más gustosas, como el arroz con chirlas vasco o el arroz con pitu caleya asturiano.

El pulpo con arroz es un plato familiar de los pueblos costeros de Mugardos y Ares (A Coruña), según el libro *Cocina gallega tradicional* (2017). Su autora, Matilde Felpeto Lagoa, deduce que no se trata de una receta muy antigua, porque el arroz se popularizó en Galicia a finales del siglo XIX, pero la reivindica como «una combinación muy adecuada y bien sabrosa que comienza a aparecer en recetarios de cocina».

Además de darle la razón, yo añadiría que tiene una ventaja importante respecto a los arroces secos: es más fácil de hacer (o más difícil cagarla, mejor dicho). En el libro, Felpeto recoge la receta de su madre, Josefina Lagoa; basándome en ella, yo pongo por delante en importancia al arroz respecto al pulpo y aplico una técnica parecida a la del risotto. El resultado es un fantástico arroz cremoso marinero al alcance de cualquier cocinillas.

PREPARACIÓN

1. Picar finamente el pimiento, la cebolla, el ajo y la guindilla. Ponerlos a rehogar en una cazuela a fuego medio con un chorro de aceite de oliva y un poco de sal. Cocinar unos 10 minutos o hasta que estén blandos.
2. Añadir el arroz y remover uno o dos minutos para que se empape del sofrito.
3. Mojar con el caldo, añadir un poco de sal si éste no la lleva y subir el fuego. Cuando hierva, bajarlo a medio y dejar unos 13 minutos, removiendo de vez en cuando.
4. Picar el pulpo y añadirlo al arroz junto con el vino y el pimentón. Cocinar 5 minutos más removiendo dos o tres veces.
5. Añadir tres cucharadas de aceite de oliva virgen extra, remover bien, apagar el fuego, tapar y dejar reposar un par de minutos.
6. Corregir de sal, añadir un poco más de caldo si ha quedado muy espeso, remover y servir.

Arroz de verduras con salmorreta

INGREDIENTES
Para 4 personas

Asadillo

- **400 g de arroz bomba**
- **1,2 l de caldo de verduras (ver pág. 90)**
- **½ pimiento rojo**
- **100 g de garbanzos cocidos**
- **4 o 5 hebras de azafrán**
- **Aceite de oliva**
- **Sal**

Verduras (intercambiables por las que se prefieran)

- 100 g de judías verdes
- 8-12 espárragos verdes, dependiendo del grosor
- 100 g de floretes pequeños de coliflor o brócoli

Salmorreta

- 5 dientes de ajo
- 5 ñoras (o 5 cucharaditas de pulpa de ñora)
- 400 g de tomate triturado
- 50 ml de aceite de oliva
- Sal

Variantes

En vez de las verduras y la legumbre propuestas, puedes usar alcachofas, setas, zanahoria, nabo, pimiento verde, habitas, guisantes o judías blancas. También puedes añadir un poco de calamar, sepia, conejo o magro de cerdo en trozos pequeños, dorándolos a la vez que el pimiento.

La paella de Valencia es sin duda el arroz más famoso de España, pero justo debajo en el mapa existe una provincia donde trabajan el género con igual o mayor maestría. Se llama Alicante, y aunque allí hagan menos ruido dictando normas sobre los ingredientes que los arroces deben o no deben llevar, pueden presumir de ser el auténtico paraíso para los fans de este cereal. El arroz alicantino se cocina de múltiples formas, pero hay un elemento común que se usa en muchos de ellos: la salmorreta. Aunque esta especie de sofrito/pasta cuenta con pocos ingredientes (tomate, ñora, ajo, aceite de oliva y, en ocasiones, perejil), da un sabor, un color y una personalidad especial a cualquier arroz en el que se utilice. Lo ideal es preparar salmorreta en abundancia y congelar en porciones lo que sobre para futuros arroces. O para guisos o salsas varias, porque es un potenciador de sabor multiuso.

PREPARACIÓN

1. Empezar con la salmorreta pelando y cortando en láminas los dientes de ajo. Dorarlos en una sartén con el aceite a fuego medio bajo.
2. Quitar los tallos y las semillas a las ñoras y trocearlas. Cuando los ajos empiecen a coger color, añadir las ñoras y dorar 1 minuto con cuidado de que no se quemen.
3. Agregar el tomate y una pizca de sal y sofreír semitapado a fuego medio unos 20 minutos, o hasta que el tomate pierda casi todo su líquido y se vea separado del aceite. Triturar y reservar.
4. Calentar el horno a 220 °C. Poner las hebras de azafrán machacadas o muy picadas en el caldo y empezar a calentarlo en una cazuela tapada o en el microondas, para tenerlo caliente cuando lo añadamos al arroz. No hace falta que hierva.
5. Picar el pimiento en tiras y las judías verdes en trozos pequeños.
6. Desechar los extremos duros de los espárragos y cortarlos por la mitad. Reservar la parte de las yemas y picar el resto en trocitos.
7. Poner a calentar un chorro de aceite en una paella o recipiente ancho y bajo similar a fuego medio alto.
8. Saltear el pimiento tres o cuatro minutos, o hasta que se ablande y se doren. Sacarlo y reservarlo.
9. Poner en la paella la coliflor o el brócoli, las judías verdes y los tallos picados de los espárragos. Saltear un minuto.

10. Incorporar los garbanzos, el arroz y 4 cucharadas de salmorreta (el resto se puede guardar para otro arroz u otras preparaciones). Remover bien 1 o 2 minutos para que el arroz se impregne y el conjunto se sofría ligeramente.
11. Mojar con casi todo el caldo bien caliente, reservando un poco (unos 100 ml) por si hace falta después.
12. Repartir bien el arroz y las verduras, y cocinar 12 minutos, los 6 primeros a fuego medio alto y después a medio, sin remover.
13. Si el arroz se ve ya muy seco, mojar con el caldo reservado. Repartir las yemas de los espárragos y los pimientos reservados por encima, meter el arroz en el horno y cocinar unos 8 minutos.
14. Dejar reposar tapado un par de minutos y servir inmediatamente.

Macarrones con chorizo

INGREDIENTES
Para 4 personas

- **320 g de macarrones o cualquier pasta similar**
- **200 g de chorizo dulce o picante**
- **1,3 kilos de tomate triturado**
- **1 cebolla**
- **2 dientes de ajo**
- **1 guindilla roja seca (opcional)**
- **2 hojas de laurel**
- **1 cucharadita de orégano seco**
- **Queso manchego semicurado o de Mahón tierno rallado**
- **2 cucharadas de mantequilla**
- **Azúcar**
- **Pimienta negra**
- **Sal**

Variantes

Sustituye el chorizo por calabacín, berenjena o calabaza salteados y una cucharadita de pimentón ahumado. O por **sobrasada sin carne** (ver pág. 21), chorizo vegano o calabizo.

Variantes

Puedes cambiar el chorizo por chistorra, sobrasada o butifarra.

La pasta es un básico de origen italiano, incorporado a la cocina española popular a partir del siglo XIX. El fideo, práctico recurso para inflar sopas, fue siempre un formato apreciado, pero hasta los ochenta, cuando los espaguetis se empezaron a consumir masivamente, los reyes del género en España fueron los macarrones.

Desde el país vecino se nos veía como unos maltratadores de la pasta, porque por lo general los macarrones se comían blandurrios. Sin embargo, la cocina española dio con una fórmula que, con el punto de cocción ajustado, puede competir con los clásicos italianos: los macarrones con chorizo. Este plato hace dos cosas inteligentes: incorporar un potente embutido local que encaja a la perfección con la salsa de tomate, y rematar con un gratinado que multiplica las texturas que te encuentras al comerlo.

Mi receta no sigue el método tradicional, porque la pasta se cuece en la propia salsa de tomate. Esta idea genial, que dispara el sabor hasta el infinito y más allá, es de Carmen, abuela del periodista Ricardo Jonás González, y la difundió en *El Comidista* la gastrónoma Ana Vega *Biscayenne*. La cantidad de tomate triturado puede parecer exagerada, pero es la correcta para que todo funcione.

PREPARACIÓN

1. Picar fino la cebolla y el ajo. Picar la guindilla si se va a añadir.
2. Dorarlos en una cazuela a fuego medio con un buen chorro de aceite de oliva unos 10 minutos, o hasta que la cebolla esté blanda y ligeramente dorada.
3. Añadir el tomate triturado, el laurel, el orégano, 1 cucharadita de azúcar, pimienta negra y sal. Remover y rehogar 5 minutos.
4. Poner los macarrones dentro de la salsa y hundirlos completamente en ella. Si el tomate está muy espeso, añadir unos 100 ml de agua caliente para favorecer que la pasta se hidrate. Bajar el fuego a medio-suave y dejar que se cocine todo junto 10 minutos con la cazuela tapada, removiendo de vez en cuando.
5. Precalentar el grill del horno a 240 °C.
6. Picar el chorizo y añadirlo. Cocer unos 10 minutos más, removiendo de vez en cuando. Si la salsa espesa demasiado, mojar con un poco de agua caliente. A partir de los 7 minutos, ir probando: en el momento en el que la pasta esté muy al dente, retirar del fuego.
7. Corregir de sal y poner los macarrones en una fuente de horno. Cubrir con el queso rallado y repartir la mantequilla en trocitos por encima.
8. Gratinar en el horno unos minutos hasta que el queso esté fundido y tostado.

Una tortilla para gobernarlos a todos

La tortilla de patatas es el Anillo Único de la cocina española. En un país con fuertes particularidades regionales, en el que la práctica totalidad de los platos tradicionales se adscriben a una zona o comunidad concreta, ella no es de nadie y nos gobierna a todos. Podrás encontrar a un español o española a quien no le entusiasme, pero no que la sienta como una comida de otra región. Redonda y dorada, la tortilla nos encuentra, nos atrae y nos ata como la sortija mágica del libro de Tolkien, pero rellena de huevo y patatas.

Las propias características del plato explican, en parte, su triunfo en todo el país: los ingredientes son baratos y omnipresentes, se prepara y se transporta con relativa facilidad, y resulta difícil resistirse a su confortable mordida y lograda combinación de sabores. Ahora bien, el hecho de que se vea como una especialidad propia de A Coruña a Almería y de Girona a Badajoz también está relacionado con su historia.

La invención de la tortilla de patatas no puede ser atribuida con demasiado fundamento a ningún lugar o área concreta de España. Una leyenda bastante extendida sitúa su nacimiento en Navarra, donde una mesonera se la sirvió supuestamente al general Zumalacárregui en la primera guerra carlista (hay documentos anteriores al conflicto que mencionan el plato, pero que la realidad no te arruine nunca un buen cuento). Otros aseguran, sin datos que lo verifiquen, que surgió en Galicia, por el simple hecho de que esta comunidad fue pionera en el cultivo de patata.

El último lugar que ha tratado de coronarse como ciudad natal de la tortilla ha sido Villanueva de Serena (Badajoz), que llegó a erigir un monumento conmemorativo. Su reclamación se basa en un documento local de 1798, en el que se habla de unas tortas de patata y harina fritas a las que se les añadía huevo... pero que se parecen mucho más a un pan que a una tortilla.

Entonces, ¿cuándo nació este plato? Empecemos por el principio. Los conquistadores españoles fueron los primeros europeos en conocer las patatas en los Andes, su lugar de origen, pero la rechazaron como alimento para gente «civilizada». No obstante, la llevaron en sus barcos a España hacia 1570, donde fue recibida con frialdad: sólo la abrazaron como alimento algunas comunidades de campesinos pobres.

Más allá de esa excepción, la patata fue una anécdota en sus primeros doscientos años de presencia en Europa. Se valoraba como rareza botánica, como ornamento y a veces como comida para el ganado. Llegó a Portugal, Milán, el Vaticano o Nápoles, pero como regalo entre autoridades. Hasta bien entrado el siglo XVIII, su uso culinario no se extiende por Europa, incluida España, como alimento alternativo al trigo en casos de hambrunas y malas cosechas.

Redonda y dorada, la tortilla de patatas nos encuentra, nos atrae y nos ata como el anillo de Tolkien

El primer testimonio escrito de uso de patatas en la tortilla, rescatado por la gastrónoma Ana Vega, es de 1767. En la obra *Agricultura General*, escrita por Joseph Antonio Valcarcel y publicada en Valencia, se dice: «En España su regular empleo [el de la patata] es en guisados y tortillas, y son de mejor sabor que las de Irlanda.» Este texto, anterior a la supuesta invención en Villanueva de la Serena, parece indicar que la preparación era bastante común ya en esa época.

No está claro cuándo se le empieza a llamar «tortilla española», pero, para sorpresa de nadie, tal denominación cogió fuerza mucho más tarde, durante el franquismo. ¿Y cuándo se empezó a añadir cebolla al invento? Según el crítico gastronómico José Carlos Capel, hasta mediados del siglo XX casi ninguna de las recetas publicadas llevaba cebolla, tan sólo patatas y huevo. La incorporación de esta hortaliza se popularizó a partir de 1945. En términos históricos, ayer mismo.

La tortilla de patatas sigue gozando hoy de igual o mayor popularidad que hace un siglo, con diferentes escuelas en cuanto a su cocinado. La de Betanzos, con el huevo prácticamente líquido, ha hecho furor en los últimos años, y en manos inexpertas ha dado lugar a versiones horrorosas que parecen un charco. La de interior cremoso, practicada especialmente en Cantabria, el País Vasco y Navarra, se ha extendido por fortuna a otras comunidades, mientras que la del huevo completamente cuajado continúa dominando en el sur de España.

Por encima de todas ellas planea el insistente, tedioso, rancio y absurdo debate sobre si la tortilla de patatas lleva o no cebolla. Lo único que tengo que decir sobre este tema: cómela o cocínala como te dé la

gana, pero no intentes sentar cátedra con tus preferencias porque parecerás tu cuñado. Personalmente, me parece más interesante discutir sobre qué convierte en gloriosa a una tortilla. Cómo es posible que juntar cuatro ingredientes y cocinarlos con una mecánica tan definida pueda dar lugar a un bocado exquisito... o a un ladrillo de obra.

El tipo de patata es un factor de peso, y los expertos recomiendan las monalisa, agria o cualquiera que lleve bien la fritura. Porque, esto es importante, las patatas (y la cebolla, si la usas) de la tortilla española *se fríen*. No se cuecen ni se saltean. Al sumergirlas en aceite caliente, primero a temperatura suave y luego más fuerte (o al revés), conseguimos ese ligero sabor a tostado y esa textura untuosa inconfundibles, que hermanados con los del huevo convierten esta tortilla en la mejor del mundo.

¿Con cebolla o sin cebolla? Hazla como te dé la gana, pero no intentes sentar cátedra, que parecerás tu cuñado

El grosor también influye: bajar de los 2 centímetros o subir de los 5 no suele dar buenos resultados. Por último, el control de la temperatura y el tiempo en el cuajado marca la diferencia, y las mejores tortillas son las que lucen un amarillo intenso con algunos puntos más dorados, no ese marrón tostado que seguramente avisa de una corteza tiesa.

En cualquier caso, conviene recordar algo crucial. Lo que para mí es un defecto o una virtud en una tortilla de patatas no tiene por qué serlo para ti. Es una comida que ha protagonizado tantas meriendas, tantos bocatas, tantos pinchos en bares, tantas excursiones y tantos momentos de felicidad, que nuestros criterios para juzgarla siempre estarán mediatizados por el recuerdo. Todos tenemos una tortilla platónica ideal, y qué maravilla que así sea.

Tortilla de patatas con o sin *txapela*

INGREDIENTES
Para unas 6 personas

Tortilla
- **1,2 kg de patatas kennebec o monalisa**
- **10 huevos camperos**
- **1 cebolla**
- **3 dientes de ajo sin pelar**
- **Aceite de oliva suave**
- **10 g de sal**

Txapela (opcional)
- **1 o 2 huevos**
- **Unos 200 g de atún o bonito de lata**
- **2 o 3 cucharadas de mayonesa**

La tortilla de patatas del bar El Pollo, en Barcelona, es una de las mejores que he probado. Y juro que he probado muchas, porque pocos pinchos (o más bien ninguno) ejercen sobre mí una atracción tan poderosa como éste. Se trata de una tortilla al estilo bilbaíno, porque de allí vienen los responsables del local, Aimar Córdoba y Javi Sánchez: cremosa por dentro, con la patata un poco tostadita, la cantidad justa de cebolla y un ligerísimo toque de ajo para elevar el sabor. Una maravilla que cuenta con legiones de fans, algunas tan ilustres como las cantantes Rosalía y Amaia.

La tortilla de El Pollo, cuya receta reproduzco abajo, se sirve tal cual o con *txapela*. Esta variante, fácil de avistar en los bares del País Vasco, pero que también se practica en Cantabria, le planta encima al clásico una capa de ingredientes variopintos tapada por una boina fina de tortilla francesa. ¿Crimen? ¿Genialidad? Me inclino por lo segundo, pero que cada cual decida si se la pone o no.

PREPARACIÓN

1. Pelar y cortar las patatas en trozos pequeños e irregulares. Cortar la cebolla en juliana.
2. Freír las patatas, la cebolla y los dientes de ajo en aceite abundante muy caliente. Cuando se empiecen a dorar, bajar el fuego y dejar que las patatas se cocinen a fuego lento unos 10-15 minutos, o hasta que estén hechas.
3. Volver a subir el fuego para dar un dorado final a las patatas.
4. Escurrir las patatas sobre un colador o papel de cocina, y dejar que se templen. Sacar los ajos y usarlos para cualquier otra preparación.
5. En un bol, mezclar las patatas con los huevos de la tortilla sin batir, haciendo movimientos envolventes con una lengua o espátula. Salar.
6. Poner una sartén antiadherente grande a calentar con un poco de aceite a fuego fuerte. Cuando esté bien caliente, verter la mezcla de patata y huevo, y bajar el fuego. Dejar que se cocine unos 2-3 minutos.
7. Darle la vuelta, subir el fuego a tope un momento, bajarlo otra vez y dejar otros 2-3 minutos. Darle una última vuelta para que coja forma.

8. Pasar la tortilla a un plato y dejar reposar unos minutos para que cuaje por dentro.
9. Si se le va a poner *txapela*, batir 1 o 2 huevos con una pizca de sal y cuajarlos en una sartén del mismo tamaño a fuego fuerte con un poco de aceite, formando una especie de tortilla francesa redonda extendida.
10. Mezclar el atún con la mayonesa.
11. Cubrir la tortilla de patata con el atún con mayonesa y tapar con la *txapela*.

Tortilla de patatas exprés

INGREDIENTES
Para 3-4 personas

- 6 huevos
- 4 patatas medianas
- ½ cebolleta
- Aceite de oliva
- Sal

En 2021 pusimos a prueba en un vídeo de *El Comidista* varios métodos para hacer tortilla de patatas cuando dispones de poco tiempo. Uno fue una catástrofe (con puré de patatas de sobre); otros dos, aceptables (en microondas y con patatas chips, al estilo Ferran Adrià), y el cuarto nos dejó con el culo torcido: la tortilla de patatas cocinadas en olla rápida.

Con esta fórmula, que descubrimos gracias a Carlos Dube, autor del blog *Mercado Calabajío*, no sólo logras caramelizar la patata en tiempo récord, sino que además gastas poco aceite. Sólo hay que vigilar con la potencia del fuego para que la patata se pegue lo justo sin quemarse.

PREPARACIÓN

1. Pelar y cortar las patatas en rodajas finas. Picar la cebolleta. Mezclarlas en un bol, salar ligeramente y remover.
2. Cubrir el fondo de una olla rápida con 4 cucharadas de aceite de oliva y ponerlo a calentar a fuego suave. Cuando esté caliente, añadir las patatas y remover para que queden bien impregnadas.
3. Tapar, subir el fuego a medio-bajo y, una vez que la olla haya alcanzado la máxima presión, cocer dos minutos a fuego suave.
4. Retirar del fuego, dejar que baje la presión, destapar y sacar las patatas. Rascar el fondo de la olla para no desaprovechar el sabor de la patata caramelizada.
5. Batir los huevos, salarlos, incorporar la patata y cocinar en la sartén vuelta y vuelta con un poco de aceite como una tortilla normal.

Tortilla panadera

INGREDIENTES
Para 4 personas

- **120 g de pan del día anterior**
- **120 g de salsa de tomate (ver pág. 250)**
- **40 g de queso de tetilla o Arzúa-Ulloa**
- **20 g de queso manchego muy curado o añejo**
- **8 huevos**
- **Aceite de oliva**
- **Sal**

Acelerar

Puedes usar salsa de tomate envasada —a poder ser, de buena calidad— y croutons comprados.

Variantes

Combina cualquier queso que se funda bien con otro potente de sabor.

Cuando abrió en 1970, el Flash Flash fue templo de la *gauche divine* barcelonesa y sensación de la modernidad española. Hoy se ha convertido en un clásico contemporáneo, que sigue entusiasmando tanto por su comida como por su decoración. En esta venerable tortillería, que parece detenida en el tiempo, se pueden probar cerca de cincuenta tipos de tortillas diferentes a cualquier hora del día, pero si tuviera que quedarme con una, elegiría la panadera.

La combinación de pan tostado, queso, tomate frito y huevo puede parecer extraña, pero juro que es mágica. Algo ocurre cuando el pan se ablanda ligeramente, el queso se funde y el tomate impregna todo con su sabor esta tortilla, que además cuenta con una ventaja importante: se prepara en cinco minutos. En el Flash usan parmesano y emmental; para españolizarla, los he cambiado por manchego y tetilla o Arzúa-Ulloa.

PREPARACIÓN

1. Cortar el pan en dados pequeños (1 cm aproximadamente) y freírlos o tostarlos en el horno o la freidora de aire.
2. Batir los huevos y rallar los quesos.
3. Poner en un bol el pan, los quesos y el tomate. Añadir los huevos batidos y sal al gusto y mezclar bien.
4. Calentar una sartén a fuego medio alto con un poco de aceite de oliva. Incorporar los huevos y remover rápidamente. Cuando esté medio cuajada darle la vuelta con un plato y cuajar por el otro lado. Debe quedar cremosa por dentro.

Zarangollo

INGREDIENTES
Para 4 personas

- **3-4 calabacines (1 kg aproximadamente)**
- **2 cebollas dulces o 3 cebolletas**
- **4 huevos**
- **Aceite de oliva**
- **Pimienta negra**
- **Sal**

Variantes

Puedes añadir una patata mediana pelada y cortada en medias láminas no muy gruesas, incorporándola a la sartén a la vez que los calabacines.

Murcia

La cocina moderna dicta que hay que cocinar lo justo las verduras para preservar su color y sabor. La tradicional no siempre va en esa dirección, y aunque muchos de sus tiempos de cocción hayan quedado desfasados, hay que reconocer que, a veces, acierta. El zarangollo murciano es un buen ejemplo: en él se somete al calabacín a un larguísimo estofado de unos tres cuartos de hora para dejarlo exhausto y reducido casi a una pasta, pero es ahí cuando aparecen los sabores que hacen especial al plato.

En algunas recetas el calabacín se pela, pero yo no encuentro mucho sentido a hacerlo porque pierdes tiempo y alimento. Se toma caliente o templado, aunque en un arranque de murcianismo lo puedes guardar en la nevera y zampártelo frío al día siguiente. ¿Puedes incorporar otras hortalizas a tu antojo? Puedes. Y si viene alguien a decirte que ése no es el auténtico zarangollo de toda la vida, le cuentas que una de las primeras menciones escritas de este plato habla de él como «una fritada de pimientos, tomate y cebolla con carne o pescados» (Javier Fuentes y Ponte, *Murcia que se fue*, 1872).

PREPARACIÓN

1. Picar la cebolla en juliana.
2. Ponerla en una sartén grande o cazuela baja con un chorro de aceite a fuego medio. Salar ligeramente y dejar que se vaya rehogando unos 10-12 minutos.
3. Cortar los calabacines a lo largo en dos mitades. Después picarlos para obtener medias lunas no muy gruesas.
4. Incorporar los calabacines a la sartén y salpimentar ligeramente. Subir el fuego y dorar unos tres minutos.
5. Bajar el fuego a suave y dejar cocinar entre 30 y 45 minutos, hasta que el calabacín haya perdido todo su líquido. Remover de vez en cuando.
6. Cascar los huevos y ponerlos en un bol. Verterlos sobre el calabacín, mezclar con suavidad rompiendo las yemas y cocinar unos 3 minutos con el fuego al mínimo, hasta que el huevo cuaje. Corregir de sal y pimienta, dejar reposar tapado unos 5 minutos y servir.

Duelos y quebrantos

INGREDIENTES
Para 4 personas

- 8 huevos
- 100 g de panceta
- 100 g de chorizo fresco
- 1 cebolla
- 1 diente de ajo
- Sal

Los duelos y quebrantos son uno de los grandes enigmas de la historia de la cocina española. Cervantes los cita por primera vez en el *Quijote* como el plato que Alonso Quijano tomaba los sábados, pero sin dar detalles de su contenido, y no hay menciones que expliquen en qué consistía esta preparación ni en recetarios ni en léxicos anteriores. Cuando hablan de duelos y quebrantos, los autores contemporáneos tampoco son muy claros sobre sus ingredientes, por lo que no se sabe a ciencia cierta si don Miguel estaba refiriéndose a una comida de verdad o haciendo chufla con el hambre que pasaba su ingenioso hidalgo.

En cualquier caso, para el siglo XVIII ya se usaba esta denominación para un revuelto de huevos y diversos materiales cárnicos, típico de La Mancha. Hoy se prepara con chorizo, jamón, panceta, tocino y, con menor frecuencia, sesos, habitualmente en cazuela de barro. Mi versión opta por cierta frugalidad al quedarse sólo con dos ingredientes de origen porcino, y un cuajado respetuoso del huevo en sartén para que el conjunto quede más cremoso.

PREPARACIÓN

1. Picar el chorizo y la panceta en trozos pequeños.
2. Ponerlos en una sartén a fuego medio bajo para que vayan soltando su grasa.
3. Mientras, cortar la cebolla en juliana, picar el diente de ajo y colocar en una sartén fría.
4. Cuando el chorizo y la panceta estén bien tostados, ponerlos en un plato con una espumadera.
5. Incorporar a la sartén el ajo, la cebolla y una pizca de sal, y sofreírlos a fuego medio unos 10 minutos o hasta que la cebolla esté blanda.
6. Devolver el chorizo y la panceta a la sartén. Batir los huevos en un bol, salarlos ligeramente y sumarlos. Remover sin parar hasta que el huevo esté cremoso. Pasar a una fuente y servir con pan.

Huevos con tortos

INGREDIENTES
Para 4-6 personas

- **8 huevos**
- **250 g de harina de maíz (no precocida ni maicena)**
- **250 ml de agua templada**
- **Sal**
- **Aceite de oliva**
- **250 g de picadillo de chorizo (opcional)**

Veganizar

Cambia los huevos y el picadillo por **pisto** (ver pág. 131) o **morcilla de verano** (pág. 18).

Variantes

Puedes sustituir el picadillo por crema de Cabrales, morcilla, chorizo o **zorza** (ver pág. 43).

Las tortillas y otros panes planos de maíz son patrimonio de las cocinas latinoamericanas, pero en España existen ejemplos ancestrales de uso de esta harina en elaboraciones similares. En Canarias están las tortas de millo, en Euskadi están los talos, y en Asturias, los tortos, ambos considerados «comida de aldeanos» en el pasado —el maíz no tenía el prestigio del trigo—, pero reivindicados desde hace algunas décadas como un tesoro gastronómico que preservar.

Los tortos son la simpleza hecha comida: harina de maíz, agua y sal. Antiguamente se cocinaban a la plancha con manteca, pero hoy se prefiere la fritura en aceite de oliva porque quedan más crujientes y menos pesados. Se suelen acompañar de huevos fritos y picadillo, pero son una delicia con cualquier cosa que tengas por la nevera, salada o dulce. Hay quien les pone una pequeña proporción de harina de trigo para hacer más manejables las tortitas, y quien añade una pizca de levadura Royal para que suflen aún más en la sartén. A mí me tira más la fórmula primigenia, aunque me desvío del patrón tradicional al añadir un chorrito de aceite a la masa.

PREPARACIÓN

1. Poner en un bol la harina de maíz y añadir una pizca generosa de sal, unos 200 ml de agua templada y un chorrito de aceite. Amasar hasta formar una bola que no se desmigue (puede que sea necesario añadir el resto del agua). Tapar con un paño húmedo y dejar reposar en la nevera un mínimo de 30 minutos (idealmente, de un día para otro).
2. Dividir la masa en 12 bolas de unos 40 g.
3. Poner una sartén a calentar con un dedo de aceite a fuego medio. Preparar un plato grande o una fuente cubierta de papel de cocina.
4. Si se van a tomar los tortos con picadillo, ir cocinándolo en otra sartén a fuego medio bajo, removiéndolo de vez en cuando.
5. Aplastar una bola de masa entre dos papeles de horno, hasta obtener un torto de unos 2 o 3 mm de grosor.
6. Cuando el aceite esté bien caliente, freír el torto primero por una cara y luego por la otra. Repetir este proceso con los demás (si la sartén es grande, se pueden freír en tandas de tres o cuatro). Ir dejándolos encima del plato con papel de cocina.
7. Freír los huevos en el mismo aceite, salarlos y servirlos inmediatamente con los tortos y, si se quiere, el picadillo.

Guisos y potajes

Matamaridos

INGREDIENTES
Para 4 personas

- **300 g de lomos de pescadilla o merluza limpios de espina y piel**
- **2 patatas medianas**
- **½ cebolla**
- **½ pimiento rojo**
- **2 tomates enteros en conserva**
- **2 zanahorias medianas**
- **2 dientes de ajo**
- **½ limón**
- **Perejil fresco picado**
- **Aceite de oliva**
- **Sal**

Acelerar

Cuece las verduras y la patata en olla rápida 10 minutos.

Variantes

Puedes usar caballa en vez de merluza, o añadir la cebolla, los tomates y el ajo picados y no triturarlos.

Andalucía

También conocido «guiso en blanco», «pescado en blanco» o «emblanco», la denominación más dramática de esta especialidad andaluza es «matamaridos» o *matamaríos*. A medio camino entre el guiso y la sopa, no recibe ese nombre por llevar arsénico, sino por su falta de chicha. En sus orígenes apenas solía llevar patata, alguna verdura que cayera por ahí y una presencia testimonial de restos de pescado: era un puro caldillo de subsistencia con el que las malvadas mujeres «mataban» de hambre a sus pobres esposos cuando volvían del duro trabajo.

Naming con tufillo machista aparte, la versión contemporánea del matamaridos es fantástica, y lo tiene todo para triunfar en nuestros días: suave, saludable y bastante rápida de preparar. Como en todos los platos tradicionales, hay muchas formas de cocinarlo, y yo opto por una rápida y sencilla, ideal para una comida o cena ligera de invierno.

PREPARACIÓN

1. Poner en una cazuela la cebolla, el pimiento rojo, los tomates y los dientes de ajo pelados.
2. Pelar, cortar las zanahorias y añadirlas al resto de las verduras.
3. Pelar las patatas y cascarlas (romperlas introduciendo un poco un cuchillo y girándolo) en trozos de tamaño de bocado sobre la cazuela.
4. Cubrir con agua, salar, añadir un chorro de aceite y calentar a fuego alto. Cuando empiece a hervir, bajar el fuego y dejar que se cueza todo unos 25 minutos, o hasta que las patatas y las zanahorias estén blandas.
5. Retirar la cazuela del fuego y sacar la cebolla, los tomates y los dientes de ajo a un vaso batidor. Si gusta el sabor a pimiento, ponerlo entero; si se quiere más suave, añadir sólo la mitad. Triturar con batidora, añadirlo al guiso y volver a ponerlo al fuego.
6. Cuando hierva otra vez, añadir el pescado cortado en trocitos, un chorro de zumo de limón y un poco de perejil picado. Tapar y dejar que el pescado se cocine con el calor residual durante 5 minutos.

Patatas en ajopollo

INGREDIENTES
Para 4 personas

- **800 g de patatas**
- **12 almendras crudas**
- **2 dientes de ajo**
- **1 rebanada de pan de hogaza**
- **1 hoja de laurel**
- **2 cucharadas de perejil picado**
- **2 cucharadas de vinagre**
- **3 o 4 hebras de azafrán**
- **8 granos de pimienta negra**
- **Aceite de oliva**
- **Sal**

El ajopollo es una especie de majado o salsa tradicional de almendras típica de la Andalucía oriental. Tuvo su momento cumbre a finales del siglo XIX, pero puede ser tu mejor amigo en el XXI: sencillísimo de preparar —poco más que freír y triturar unos dientes de ajo, unas almendras y un poco de pan—, sirve para apañar cualquier tipo de guiso en tiempo récord, desde un caldillo de pescado hasta unos garbanzos con espinacas.

Para desplegar el poder del ajopollo basta con añadirlo en la proporción adecuada a cualquier cosa que estemos cociendo, como hago en estas patatas. El *majaíllo*, alegrado con un punto de vinagre y de azafrán, no sólo potencia el sabor, sino que a la vez liga el caldo, otro ejemplo más de la capacidad de la cocina andaluza para transformar cualquier alimento humilde en un festival.

Variantes

Si te molesta encontrarte los granos de pimienta enteros en las patatas, puedes usar media cucharadita de pimienta blanca molida. También se puede reforzar el guiso con unas almejas o cualquier pescado en trozos pequeños, añadidos al final de la cocción.

PREPARACIÓN

1. Pelar las patatas, cortarlas en trozos medianos y ponerlas en una cazuela con el laurel, la pimienta, el azafrán y sal. Cubrirlas con agua y calentarlas a fuego medio.
2. Poner un buen chorro de aceite en una sartén pequeña a fuego medio. Cuando esté bien caliente, freír primero los dientes de ajo; después, las almendras, y finalmente, el pan, con cuidado de que se doren pero no se quemen.
3. Ponerlos en un mortero o vaso batidor, y majarlos o triturarlos con el vinagre y un poco de sal.
4. Añadir esta pasta a las patatas junto con el aceite en el que se han frito los ajos, las almendras y el pan. Remover y cocer hasta que las patatas estén bien hechas y el caldo ligado. Añadir el perejil, corregir de sal, dejar que repose un par de minutos tapado y servir.

Patatas a la riojana

INGREDIENTES
Para 4 personas

- **800 g de patatas**
- **200 g de chorizo riojano fresco, a poder ser picante**
- **2 pimientos choriceros**
- **1 pimiento verde**
- **2 dientes de ajo**
- **1 cebolla**
- **1 cucharadita de pimentón**
- **Aceite**
- **Sal**

Acelerar

Cuece las patatas en olla rápida 10 minutos. En vez de pimientos choriceros, usa tres cucharaditas de pulpa envasada.

Variantes

Puedes añadir costilla de cerdo picada junto a la cebolla, el pimiento y el ajo. También hay quien pone una hoja de laurel al añadir el agua.

La Rioja

La Rioja es famosa internacionalmente por sus vinos, pero allí elaboran otro producto por el que habría que rendir pleitesía a esta región: el chorizo. En su mejor versión riojana, este embutido de cerdo, pimentón y ajo se distingue por ser jugoso, relativamente poco grasiento y nada gomoso, y por la clara separación entre la carne y el tocino, repartidos en proporción equilibrada. Cocinar con él es una absoluta gozada, sobre todo en su versión picante.

Como se trata de un ingrediente chillón por naturaleza, nada le viene mejor al chorizo que la neutra tranquilidad de la patata. De la combinación de ambos sale uno de los mejores guisos jamás creados en España, y probablemente el que más echaré de menos el día que decida hacerme vegetariano.

PREPARACIÓN

1. Picar fino el pimiento verde, la cebolla y el ajo.
2. Ponerlos a dorar a fuego medio en una cazuela grande con un chorrito de aceite y un poco de sal, unos 10-15 minutos o hasta que la cebolla y el pimiento verde estén blandos.
3. Cortar el chorizo en rodajas de 1 cm de grosor aproximadamente. Añadirlo a la cazuela y rehogar un par de minutos más.
4. Cascar las patatas (cortarlas irregularmente con un cuchillo, rompiéndolas a mitad del corte). Añadirlas junto al pimentón, bajar el fuego y cocinar 1 minuto removiendo para que se impregnen.
5. Quitar el tallo y las semillas al pimiento choricero y añadirlo.
6. Cubrir con agua fría las patatas, salar y subir el fuego. Cuando hierva, bajar el fuego a medio y cocinar unos 25 minutos, o hasta que las patatas estén bien cocidas. Vigilar que no se queden secas, y si eso ocurre, añadir un poco más de agua.
7. Sacar los pimientos choriceros, abrirlos, rasparlos con una cucharita para obtener la pulpa y devolver ésta a la cazuela. Desechar las pieles.
8. Dejar reposar 10 minutos tapado y servir.

Repápalos

INGREDIENTES
Para 4 personas

- **200 g de pan, preferiblemente duro**
- **1 berenjena**
- **2 huevos**
- **40 g de jamón serrano picado o queso curado rallado**
- **1 diente de ajo**
- **4 cucharadas de perejil picado**
- **Sal**
- **Salsa española (ver pág. 251)**

Acelerar

Cocina la berenjena en un estuche de silicona en el microondas con un poco de agua en el fondo 10 minutos a máxima potencia.

Veganizar

Sustituye el huevo por harina de garbanzo diluida en agua y el jamón por tomate seco o **sobrasada sin carne** (ver pág. 21).

Cocina española de subsistencia en su máximo esplendor, los repápalos son una especie de bolitas fritas pensadas para aprovechar el pan seco y transformarlo en algo sustancioso. Son típicos de Extremadura, de probable origen judío, y por si no tuvieran ya un nombre espectacular, en su tierra tienen otros igual de buenos para denominarlos: sapillos, güevecillos, papones, arrepápalus, rempámpanus o cagajonis.

Los repápalos salados —también los hay dulces— llevan casi siempre pan, huevo, ajo y perejil, a los que se pueden añadir otros ingredientes como jamón, torreznos, cebolla, garbanzos cocidos o especias varias. Una vez fritos, en la actualidad se suelen servir en salsa, al estilo de las albóndigas, pero los puedes tomar perfectamente sin ella. En mi receta les cuelo berenjena, al estilo de las *polpette* del sur de Italia, para hacerlas un poco más vegetales y potenciar la cremosidad.

PREPARACIÓN

1. Poner a calentar agua con sal en una olla.
2. Arrancar la salsa española poniendo a dorar la cebolla en una sartén o cazuela baja grandes.
3. Mientras, cortar la berenjena en bastones gruesos y cocerla en el agua hirviendo unos 20 minutos, o hasta que esté hecha. Escurrirla, aplastarla bien para que pierda la mayor parte de su líquido y ponerla en un bol.
4. Mojar el pan con agua para que se ablande. Escurrirlo bien y añadirlo a la berenjena.
5. Sumar los huevos, el jamón o el queso, el diente de ajo picado o majado y el perejil. Salar y mezclar bien hasta que se forme una masa.
6. Seguir con la salsa española hasta acabarla.
7. Poner a calentar un chorro de aceite en una sartén grande a fuego medio alto. Cuando esté caliente, y utilizando dos cucharas, poner varias cucharadas de la masa repartidas por la sartén, y aplastarlas un poco para que se vayan dorando por un lado. Dejarlas 2 o 3 minutos o hasta que se hayan dorado, darles la vuelta y hacerlas por el otro lado.
8. Ir pasándolas a la sartén o cazuela baja con la salsa. Cuando estén todas, darle al conjunto un calentón suave meneando la cazuela para que los repápalos se impregnen bien de la salsa, y servir.

Por una cocina tecnotradicional

¿Qué pasaría si un ama de casa de hace cincuenta años viajara a través del tiempo a una cocina de la actualidad? Seguramente le resultarían familiares nuestras cazuelas y sartenes, pero habría que darle un cursillo acelerado para manejar innovaciones que hoy forman parte de nuestro menaje doméstico: placas de inducción, ollas superrápidas, microondas, batidoras multifunción, *thermomixes*, *kitchen aids*, robots de todo pelaje, freidoras de aire, *slow cookers*, *instant pots*... ¿Se sentiría esta mujer bendecida por todos estos avances, en teoría creados para ponernos las cosas fáciles? ¿O querría salir corriendo a coger el Delorean para volver a su cocina setentera?

Nuestra hipotética cocinera se vería obligada a unirse al #teamtecno, formado por quienes aplauden las novedades y las comodidades que comportan, o al #teamtradición, que las rechaza como una inutilidad o una traición a la cocina de verdad. El debate lleva décadas dividiendo a las personas que cocinan, y suele rebrotar cada vez que un nuevo trasto aparece en el mercado. Busca «freidora de aire» en X, y no te costará encontrar encarnizadas batallas entre defensores a los que les ha salvado la vida y detractores que la consideran una estupidez.

La tecnología se ha considerado en demasiadas ocasiones como una enemiga natural de la auténtica cocina casera. ¿Nos alejan de la tradición los nuevos instrumentos, o por el contrario nos ayudan a seguir cocinando como antes? «Para mí son un complemento para la cocina de siempre, que ayuda a reducir tiempos y preparaciones sin dejar de hacer buenos platos», explica Pamela Rodríguez, responsable del blog culinario *Uno de Dos* y autora del libro *Mis recetas con freidora de aire*. «Puedes guisar un fabuloso rabo de toro en *slow cooker*, y acompañarlo con un puré de patata en Thermomix o unas patatas en freidora de aire, que se harán solas mientras haces otra cosa y el rabo se termina. Yo era la primera que renegaba de estos aparatos hasta que tuve mi primera freidora de aire, y me sucedió lo mismo con Magimix, la Thermomix francesa. Te das cuenta de que puedes hacer un arroz con leche de diez sin estar removiendo con la cuchara de madera una hora y media, o que la masa de las croquetas la tienes lista sin mover casi un dedo.»

La periodista y miembro de la Academia Andaluza de Gastronomía Esperanza Peláez cree que la cocina tradicional sólo sobrevivirá si logramos darle cabida en el estilo de vida actual contemporáneo, y en ese contexto algunos aparatos pueden ayudar. «Ahora repartimos el tiempo entre muchas más actividades, y está en vías de extinción la figura de la persona cuyo trabajo consistía en quedarse en casa y dedicar una enorme parte de su tiempo a preparar la comida de la familia (madre, abuela, tía soltera, hija mayor o servicio doméstico). Si hoy tuviéramos que elaborar un gazpacho, un mojo, una mayonesa o un pesto con mortero en vez de batidora, dejaríamos de comerlos o los compraríamos hechos.»

Para Peláez, lo importante es que se siga cocinando en las casas, con los instrumentos que sean. «La olla rápida (o incluso la Instant Pot) es un inventazo para preparar potajes y guisos con rapidez, además de precisa,

fácil de limpiar y resistente. La Thermomix, una versión muy mejorada de la batidora, que te permite amasar o evitar el filtrado en sopas como el gazpacho.» Por el contrario, no muestra el mismo entusiasmo con la freidora de aire o el *slow cooker*, que califica de «totalmente prescindibles».

Algunos defensores de la tradición reniegan de estos artefactos porque, según argumentan, los platos cocinados con ellos resultan impersonales o no saben igual que los hechos de forma más manual. Rosa Ardá, creadora de la web de recetas para Thermomix *Velocidad Cuchara*, lo niega: «Hay recetas de la cocina tradicional que, si no te lo cuentan, nunca sabrías que están hechas con Thermomix. Quizá el sofrito no salga como en la sartén o tenga otras carencias, pero hay recetas espectaculares. ¿Impersonales? Yo siempre le aporto un toque personal a las recetas en función de mis gustos. Cuanto más la usas, más experimentas y más la dominas.»

Los robots y otros electrodomésticos de última generación pueden ser la vía de entrada a la cocina para personas sin conocimientos culinarios

Ardá destaca que los robots y otros electrodomésticos de última generación pueden ser la vía de entrada a la cocina para personas sin conocimientos culinarios. «Las grandes ventajas de la Thermomix son la limpieza, la facilidad de uso y la seguridad de que, si sigues los pasos de las recetas, el resultado será bueno, te gustará lo que has preparado y no te sentirás un torpe en la cocina. Para nada nos vuelve vagos, sino todo lo contrario: al ver que las cosas salen te animas con platos más complicados y con otras técnicas.»

Entonces, ¿todo es bondad y armonía en el mundo de los nuevos instrumentos de cocina? No siempre. El «síndrome yogurtera» es real: un aparato se pone de moda, te lo compras, lo usas mucho al principio, y poco a poco lo vas abandonando hasta que acaba en el trastero, en Wallapop o en el reciclaje. «Es verdad, a mí me la colaron con la freidora de aire», reconoce Esperanza Peláez. «Pero no sé si es evitable en una sociedad de consumo como la que tenemos. También creo que cuanto más cocinas, mejor eres capaz de discernir si un aparato es útil o no.»

«Puede ocurrir con otros instrumentos como la freidora de aire o la Crockpot», añade Rosa Ardá. «En el caso de la Thermomix, es raro que alguien la compre y no la use regularmente.» Pamela Rodríguez confiesa que no le van algunos artefactos, pero más por sus manías que por otra cosa: «No soportaba el olor a comida que desprendía el *slow cooker* por la noche, y la Instant Pot no me gusta por mi fobia a las ollas a presión».

En su descargo, también hay que recordar que los aparatos o utensilios de cocina más o menos tecnológicos no tienen que resultar prácticos a todas las personas por igual. Como apunta Esperanza Peláez, son herramientas, y las herramientas sirven para facilitar procedimientos concretos. «Con un hacha no puedo desenroscar tornillos, lo que no significa que el hacha no sea útil. Es perfecta para cortar leña. Para mí, la freidora de aire es un trasto que uso sólo para calentar molletes y la olla rápida es imprescindible, pero tengo un sobrino que se ha lanzado a cocinar gracias a la *airfryer* y que se echaría a llorar delante de una olla.»

Más allá de sus virtudes y defectos concretos, el recelo hacia estos instrumentos responde a una visión nostálgica de la cocina. El *cualquier tiempo pasado fue mejor* nos lleva a idealizar los platos elaborados con técnicas antiguas, que posiblemente no eran tan fantásticos pero recordamos suculentos por cuestiones afectivas. Si pudiéramos comparar los guisos o asados de la abuela con los que hacemos ahora en una olla rápida, un robot, una freidora de aire, quizá no encontraríamos tantas diferencias o incluso nos parecerían mejores los de ahora, pero hay algo que éstos nunca tendrían: a la abuela.

«Hay mucho mito en torno a los sabores de antes», señala Esperanza Peláez. «Por lo general, ningún plato de la cocina tradicional supera los cien años de vida elaborado de una misma forma. Todo evoluciona, y a veces tendemos a idealizar los sabores antiguos, especialmente los de la infancia. Hoy el tiempo es el factor clave para poder seguir practicando una cocina artesana. En el ámbito profesional, hay cocineros que la mantienen viva, pero de ninguna manera la hacen como cien años atrás.»

En un entorno en el que la falta de tiempo dificulta cada vez más la práctica culinaria casera, parece más sensato apostar por una «cocina tecnotradicional» que seguir enfrentando la tradición con los avances tecnológicos, siempre que éstos demuestren ser útiles de verdad y no meras burbujas consumistas. Convendría recordar que muchas cosas que para nosotros son «de toda la vida» fueron «novedad sospechosa» para nuestros antecesores. ¿Qué pasaría si el ama de casa imaginaria del principio volviera a los setenta y se encontrara con otra ama de casa venida de cincuenta años más atrás? Cualquiera sabe, pero podemos imaginarnos a la señora más antigua torciendo el gesto y diciendo: «Las lentejas hechas en cocina de gas no saben igual que en la de carbón.»

Olla gitana

INGREDIENTES
Para 4-6 personas

- 250 g de garbanzos
- 150 g de judías blancas
- 250 g de judías verdes planas
- 250 g de calabaza totanera (en su defecto, de cualquier otra clase)
- 8 peretas o peras de San Juan (o 4 peras medianas no muy maduras)
- 1 tomate maduro
- 1 cebolla
- 1 diente de ajo
- 1 cucharadita de pimentón no ahumado
- 5 hebras de azafrán
- 1 cucharadita de hierbabuena seca
- Hojas de hierbabuena fresca
- Aceite de oliva
- Sal

Acelerar

Usa 500 g de garbanzos y 300 de judías blancas cocidos, y sustituye su líquido de cocción por **caldo de verduras** (ver pág. 90).

Variantes

En vez de la salsa de calabaza, puedes rematar la olla con una picada de almendras y pan fritos. También se puede incluir patata o zanahoria, y alegrar el potaje con un chorrito de vinagre.

Los cocidos de legumbres no tienen por qué ser bombas que te hagan sentir pesado durante horas. Si los liberas de tocinazos, embutidos y otros animales, y los enriqueces con verduras, especias o hierbas aromáticas, no se van a transformar en ensalada, pero ganarán notablemente en ligereza.

Para encontrar fórmulas de potajes sin carne no hace falta irse a modernos recetarios veganos, porque la cocina tradicional española los tiene. Ahí están el **recao** aragonés (ver pág. 100), los garbanzos con espinacas sevillanos o la olla gitana para demostrarlo. Este último plato, típico de Murcia, Alicante y Andalucía oriental, es bastante peculiar, porque en él se mezclan dos tipos de legumbres, verduras y hasta una fruta como la pera, y el conjunto se aromatiza con hierbabuena.

La siguiente receta me la enseñó Ángeles Funes Hernández, cocinera aficionada a la que tuve la suerte de conocer en mi última visita a Murcia. Ojo al giro final con la calabaza, que es puro arte.

PREPARACIÓN

1. Poner a remojo los garbanzos y las judías blancas el día anterior.
2. Picar la cebolla y rallar el tomate.
3. Sofreír la cebolla con una pizca de sal en una olla rápida destapada a fuego medio unos 10 minutos, o hasta que esté blanda y transparente.
4. Añadir el tomate rallado. Salar ligeramente y sofreír unos 5 minutos o hasta que haya perdido buena parte de su líquido.
5. Retirar la olla del fuego, añadir el pimentón y remover rápidamente para que no se queme. Agregar los garbanzos y las alubias, cubrir con agua, tapar y cocer unos 20 minutos a fuego medio desde que la presión haya subido.
6. Mientras, picar las judías verdes en trozos de unos 2 o 3 cm, pelar las peras y quitarles el corazón (si son grandes, trocearlas), y picar la calabaza en trozos grandes que después sean fáciles de sacar.
7. Cuando las legumbres estén hechas, despresurizar la olla y destaparla. Añadir las patatas, la calabaza, las peras, el azafrán, la hierbabuena seca y la sal. Cocer unos 14 minutos.
8. Añadir las judías y cocer 6 minutos más o hasta que todas las verduras y las peras estén tiernas.
9. Sacar la calabaza y triturarla con el ajo, un chorro generoso de aceite y sal.
10. Servir la olla con unas hojitas de hierbabuena enteras o troceadas por encima y la salsa de calabaza como acompañamiento.

Garbanzos con espinacas para vagos

INGREDIENTES
Para 4 personas

- **600 g de garbanzos cocidos**
- **150 g de espinacas baby**
- **200 g de tomate triturado**
- **1 cebolla**
- **1 diente de ajo**
- **1 guindilla roja seca**
- **250 ml de caldo de verduras (o de los garbanzos si se han cocido en casa)**
- **1 cucharada de cilantro picado**
- **1 clavo machacado (o ¼ de cucharadita de clavo molido)**
- **Aceite de oliva**
- **Pimienta negra**
- **Sal**

Variantes

Puedes cambiar las espinacas por hojas de acelga, o añadir zanahoria a la vez que la cebolla, o alcachofas y calabacín justo después.

El garbanzo lo tiene todo para triunfar en el siglo XXI: es barato, sostenible, diez veces más nutritivo que muchas pijadas que se denominan «superalimentos», pega con un montón de ingredientes y no te tienes que deslomar para cocinarlo. Sin embargo, no termina de quitarse de encima el sambenito de alimento zafio, pesado y flatulento con el que ha cargado desde hace décadas, a pesar de ser tan delicioso como saludable.

Cocer los garbanzos en casa es un ejercicio provechoso porque así obtienes también su caldo, pero puedes ahorrarte el paso comprándolos cocidos. En esta receta para zánganos y zánganas, opto por lo segundo, pero si te sientes un ninja de la cocina, pon los garbanzos secos a remojo el día anterior, cúbrelos de agua y cuécelos en olla rápida 40 minutos. A quien se asombre por la presencia de cilantro en un guiso español de legumbres le informo de que en algunas zonas de Extremadura lo usan para este menester.

PREPARACIÓN

1. Picar la cebolla, el ajo y la guindilla.
2. Rehogarlos en una cazuela a fuego medio bajo con un chorro de aceite y un poco de sal, pimienta y el clavo.
3. Cuando la cebolla esté transparente y un poco blanda, añadir el tomate y cocinar unos 10-15 minutos a fuego medio, o hasta que el sofrito se vea denso.
4. Añadir el caldo y los garbanzos, y dejar que hiervan unos 5 minutos hasta que el conjunto espese un poco. Mojar con un poco más de caldo o agua si se quedan demasiado secos.
5. Añadir las espinacas y el cilantro al guiso. Tapar, cocer 1 minuto, remover, corregir de sal y servir.

Alubias

INGREDIENTES
Para 4 personas

- **300 g de alubias, a poder ser de Tolosa**
- **Sacramentos**
- **300 g de berza**
- **1 morcilla de puerro (en su defecto, usar otras variedades)**
- **100 g de tocino ibérico cortado en lonchas muy finas**
- **12 piparras**
- **1 diente de ajo**
- **Aceite de oliva**
- **Sal**

¿Alubias? ¿Así, a secas? Sí, porque es así como se conoce este plato en Euskadi, donde nadie necesita más apellidos para nombrar el potaje local por antonomasia. Los vascos comemos alubias desde hace montones de años, y gracias a ellas nos convertimos en una raza capaz de levantar piedras, cortar troncos o reproducirnos sin apenas tener sexo. La alubia es nuestra poción mágica, con la que sobrevivimos a la época de lluvias que en nuestro pequeño Mordor va desde finales de septiembre hasta mediados de junio.

Aparte de sus superpoderes, esta variedad negra de las judías es una delicia de primer orden, sobre todo por el prodigioso caldo que generan. Las alubias son radicalmente espartanas en ingredientes, pero muy quisquillosas con la técnica. Con ellas no hay atajos, y si quieres que te queden enteras y cremosas, más vale que te armes de paciencia. La receta a continuación, que incluye algunos sacramentos habituales (morcilla, tocino, berza), es de un auténtico maestro del género: Roberto Ruiz, ex cocinero de El Frontón de Tolosa ahora en Hika (Villabona, Gipuzkoa).

PREPARACIÓN

1. Poner las alubias y unos 2 l de agua fría en una cazuela alta y no muy ancha. Calentar a fuego alto.
2. Cuando hierva, añadir un chorrito de aceite de oliva, bajar el fuego y dejar cociendo suave unas 3 horas o hasta que estén tiernas, meneando la cazuela de vez en cuando para que el caldo engorde. Hay que vigilar que no se queden secas: si eso ocurre, añadir agua fría.
3. Cuando a las alubias les falte una hora aproximadamente, calentar agua en otra cazuela, y cuando esté hirviendo, poner a cocer la morcilla a fuego suave.
4. Mientras la morcilla se cuece, poner a calentar otra cazuela con agua y sal. Cortar la berza en juliana y escaldarla en el agua 4 minutos.
5. Sacar la morcilla y dejarla que se temple unos 5 minutos.
6. Picar el ajo y ponerlo en una sartén a fuego medio con un chorro de aceite de oliva. Cuando se empiece a dorar, añadir la berza, retirar del fuego, remover 1 minuto y salar.
7. Salar las alubias y servirlas con la berza, la morcilla cortada en tacos, el tocino y las piparras aparte, para que cada comensal añada los sacramentos como quiera.

Recao

INGREDIENTES
Para 4-6 personas

- **250 g de judías blancas secas, a poder ser pequeñas**
- **2 patatas medianas**
- **100 g de arroz**
- **½ cebolla picada**
- **1 cabeza de ajos pequeña**
- **2 hojas de laurel**
- **1 cucharadita de pimentón picante**
- **Aceite de oliva virgen extra**
- **Sal**

Variantes

Cuece las judías en olla rápida 30 minutos, y después continúa la cocción con la olla destapada para las patatas y el arroz.

Aragón

En España, «cocido» suele traducirse como «plato con cantidades ingentes de cerdo en todos los formatos imaginables con unas legumbres y unas verduras para disimular». Una excepción es el recao, un potaje tradicional de Binéfar (Huesca) que, al menos en la receta *oficial* publicada por el gastrónomo Teodoro Bardají a principios del siglo XX, se desmarca por su veganismo radical: frente a las orgías de chorizo, morcilla y tocino habituales en otras regiones, sólo permite la presencia de judías blancas, patatas, arroz y unos pocos aderezos vegetales.

El «recao» o «recado» era la provisión de comida que se adquiría a diario en el mercado o las tiendas. Este potaje es tan humilde y cotidiano como esa compra, aunque sorprende que tanto ascetismo dé lugar a un cocido tan apetecible y sabroso, con el caldo ligado y los aromas del ajo, el pimentón y el laurel dando vidilla al conjunto. Mi receta se basa en la del cocinero Iván Vilanova, del restaurante Carmen en Binéfar, que se ajusta bastante al canon establecido por Bardají.

PREPARACIÓN

1. Dejar las judías a remojo el día anterior.
2. Ponerlas a cocer en una olla mediana con agua fría y sin sal. Al primer hervor, retirarlas y dejarlas 5 minutos tapadas, fuera del fuego. Cambiar el agua que tienen por agua fría, añadir el laurel, un chorro de aceite, la cabeza de ajos, la cebolla y el pimentón y poner a cocer de nuevo a fuego lento 1 hora o 90 minutos, hasta que las judías estén tiernas.
3. Cuando falten 20 minutos y las judías estén casi cocidas, añadir la sal necesaria y las patatas cortadas a cuadraditos de tamaño parecido al de las judías.
4. Dejar cocer a fuego lento, y a los 5 minutos de haber comenzado a cocer las patatas incorporar el arroz.
5. Cuando el arroz esté hecho (unos 15-20 minutos después), rectificar de sal y servir con un chorrito de aceite de oliva virgen extra. Tiene que quedar un potaje algo caldoso, nunca seco.

Lentejas infalibles

INGREDIENTES
Para 4 personas

- 400 g de lentejas pardinas
- 1 patata grande o 2 pequeñas
- 2 zanahorias
- 1 cebolla grande
- 1 diente de ajo
- 4 cucharadas de tomate triturado o rallado
- ¼ de pimiento rojo o ½ verde
- 1 cucharadita generosa de pimentón ahumado
- 100 ml de vino blanco o fino
- 1 hoja de laurel
- Aceite de oliva
- Pimienta negra
- Sal

Acelerar

Cuece las lentejas en olla rápida en 15-20 minutos.

Variantes

Puedes añadir al guiso otras verduras (calabaza, boniato, alcachofas, espinacas, acelgas) teniendo en cuenta sus tiempos de cocción, o carnes o embutidos previamente blanqueados en agua hirviendo para que pierdan parte de su grasa. Las lentejas se pueden rematar con un chorrito de vinagre, o de anís o vino dulce, como hacen en el Alto Aragón.

Hacer fuego con dos palitos, orientarse con las estrellas o potabilizar agua son conocimientos que te pueden salvar la vida, pero para mí no hay nada más imprescindible para la supervivencia que saber preparar unas lentejas guisadas o estofadas. Estas humildes legumbres han permitido seguir en este mundo a familias, estudiantes y siervos del táper durante generaciones, y si no sabes cocinarlas—o las cocinas y te salen regulinchi— es hora de que te pongas las pilas y aprendas.

Esta receta no sólo es apta tanto para cocinillas como para zotes en la cocina, sino que puedes adaptarla a tus gustos y manías o a lo que tengas en la nevera. ¿Admite chorizos, morcillas y otras carnes? Sí, pero desde aquí hago un llamamiento a probarla sin ellos, porque jugando bien la baza del sofrito y el pimentón, no se echan de menos. Consejito: si usas lentejas de Castilla y León (La Armuña o Tierra de Campos) seguro que todo sale mejor.

PREPARACIÓN

1. Poner las lentejas en una olla grande con 1,6 l de agua fría (es posible que durante la cocción haya que añadir más, pero mejor empezar con esta cantidad).
2. Añadir media cebolla entera, el ajo, el laurel, pimienta negra y sal.
3. Calentar a fuego medio alto. Cuando hierva, bajar el fuego a suave y dejar tapado casi del todo. El tiempo de cocción puede variar entre 30 y 45 minutos: lo mejor es ir probándolas y añadiendo más agua si se quedan demasiado secas.
4. Arrancar el sofrito picando la otra media cebolla y el pimiento. Ponerlo con un buen chorro de aceite y una pizca de sal en una sartén a fuego medio bajo para que se vaya pochando.
5. A los 5 o 10 minutos, cuando la cebolla y el pimiento se hayan ablandado, añadir el tomate.
6. Pelar la patata y cortarla en dados o trozos pequeños. Pelar la zanahoria y cortarla en rodajas finas. Añadirlas a las lentejas cuando éstas lleven unos 20 minutos cocinándose.
7. Añadir el pimentón al sofrito y remover 1 minuto. Incorporar el vino blanco otro minuto o hasta que deje de oler a alcohol.
8. Poner en un vaso batidor el sofrito con la media cebolla y el ajo de las lentejas . Triturar y agregarlo a la olla de las lentejas, remover y cocer un par de minutos más. Corregir de sal. Si las lentejas se ven muy densas, añadir agua o caldo de verduras. Si se ven muy líquidas, se puede triturar un cazo de lentejas y devolverlo a la cazuela.

Pescados

Bacalao a la tranca

INGREDIENTES
Para 4 personas

- **4 lomos de bacalao desalado (800 g aproximadamente)**
- **300 g de pimientos asados en tiras**
- **2 patatas medianas**
- **2 huevos cocidos**
- **1 cebolla**
- **2 dientes de ajo**
- **300 ml de caldo de pescado**
- **100 ml de vino blanco**
- **2 cucharadas de vinagre**
- **1 cucharadita de pimentón ahumado picante**
- **1 cucharadita de pimentón ahumado dulce**
- **Perejil fresco**
- **Harina**
- **Aceite de oliva virgen extra**
- **Sal**

Acelerar

Cuece las patatas cortadas y tapadas con 3 cucharadas de agua en el microondas.

Castilla y León

El bacalao a la tranca es una especialidad típica de Zamora que, por la presencia de pimientos, pimentón y ajo en su receta, parece emparentada con los ajoarrieros y otras recetas con este pescado del interior de España. El origen de su nombre es incierto, pero aparece mencionado en *El Correo de Zamora* en 1929, por lo que es seguro que la denominación existe al menos desde el primer tercio del siglo XX.

En alguna receta de la época el plato es un simple bacalao desalado alegrado con un refrito de ajo, pimentón y vinagre. Posiblemente se fue enriqueciendo después con el añadido de pimiento, patata, huevo duro o caldo, elementos que han acabado convirtiéndolo en un plato completo y casi único. Se suele tomar en Cuaresma y Semana Santa, pero es un festín en cualquier época del año.

PREPARACIÓN

1. Pelar y cocer las patatas enteras en una olla con agua con sal entre 25 y 30 minutos o hasta que estén hechas.
2. Mientras, picar la cebolla y pelar y cortar en láminas los ajos.
3. Cubrir el fondo de una sartén grande o cazuela ancha con aceite de oliva, ponerla a calentar a fuego medio y dorar el ajo con cuidado de que no se queme. Ponerlo en un platito con papel de cocina.
4. Poner harina en un plato hondo y enharinar los lomos de bacalao. Subir el fuego a medio alto y, cuando el aceite esté bien caliente, dorar el bacalao un minuto más o menos por cada lado. No hace falta que se haga por dentro, con que se dore ligeramente es suficiente. Dejar el bacalao en un plato.
5. Tirar el exceso de aceite y añadir la cebolla. Pocharla unos 10 minutos a fuego medio.
6. Cortar las patatas en rodajas de 1 cm aproximadamente. Cuando la cebolla esté hecha, añadir los pimentones y remover un minuto.
7. Mojar con el caldo de pescado, el vino y el vinagre, y remover.
8. Añadir las patatas y los pimientos y cocer a fuego medio unos 5-10 minutos, o hasta que el líquido se haya reducido y se haya convertido en una especie de salsa.
9. Añadir el bacalao con cuidado de no romperlo y el líquido que haya soltado, y menear un poco la cazuela para que se impregne de la salsa. Terminar con el perejil, tapar y cocinar a fuego muy suave un par de minutos más.
10. Servir con perejil picado por encima y los huevos cortados en cuartos.

Lubina a la donostiarra

INGREDIENTES
Para 4 personas

- **4 lubinas de ración abiertas o 1 kilo de lubina en lomos**
- **4 dientes de ajo**
- **1 guindilla seca grande**
- **Perejil**
- **Vinagre blanco**
- **Aceite de oliva virgen extra**
- **Sal**

Variantess

Asa unas patatas en rodajas finas en una fuente o bandeja de horno, y cocina después la lubina sobre ellas.

El pescado «a la donostiarra» se servía —y se sigue sirviendo— en asadores de toda la costa guipuzcoana, pero se hizo famoso en San Sebastián, ciudad que vivió un auténtico *boom* turístico a finales del siglo XIX y principios del XX. En la *Guía del buen comer español* (1929), el compositor Antonio Peña y Goñi describe la preparación del besugo a la manera de Donostia de forma muy similar a la que se estila hoy. «Fresco, sabroso, aromático, con tostada piel que cruje entre los dientes, regalo del estómago y delicia del paladar», comenta con nostalgia. «Jamás he conseguido comer en Madrid el besugo como en San Sebastián lo he comido durante mi niñez y mi juventud.»

Cualquier otro pescado blanco, como la lubina, la merluza, el rape o el rodaballo, agradece también ser cocinado a la donostiarra. Es decir, asado y regado con un benéfico refrito de aceite de oliva, ajo y guindilla levemente acidulado con vinagre. El tratamiento condensa las mejores virtudes de la cocina vasca: sencillez, equilibrio de sabores sin estridencias y respeto máximo al producto.

PREPARACIÓN

1. Calentar el horno a 200 °C.
2. Salar la lubina y dejarla reposando en la nevera.
3. Pelar y picar los ajos en láminas. Picar la guindilla en rodajas. Picar el perejil hasta obtener unas dos cucharadas.
4. Poner el ajo y la guindilla en una sartén pequeña con 6 cucharadas de aceite de oliva.
5. Calentar otra sartén grande a fuego alto. Secar completamente la lubina con papel de cocina, untarla con un poco de aceite y, cuando la sartén esté bien caliente, marcarla con la piel arriba un par de minutos, lo justo para que se dore ligeramente.
6. Poner la lubina en una bandeja o fuente de horno también con la piel arriba, y asarla 10 minutos.
7. Mientras, calentar la sartén con la guindilla y el ajo y dorarlos, con cuidado de que no se quemen.
8. Sacar la lubina del horno, untarla con un chorrito de vinagre (se puede repartir con una brocha de cocina), y rematar con el refrito de ajo y guindilla y el perejil picado.

Rodaballo con salsa balandra

INGREDIENTES
Para 4 personas

- 1 kg de lomos de rodaballo
- 2 tomates maduros pelados
- ½ pimiento rojo
- 4 dientes de ajo
- 50 g de avellanas
- 50 g de almendra cruda
- 1 rebanada de pan (unos 30 g)
- 300 ml de caldo de pescado
- 1 o 2 cucharadas de vinagre de Jerez
- 1 o 2 cucharaditas de pimentón picante
- Perejil fresco (opcional)
- Aceite de oliva
- Sal

Variantes

Puedes poner un poco de nuez moscada a la salsa.

Después de conocer sus ingredientes y lugar de origen, no hace falta ser la Miss Marple de la gastronomía para emparentar la salsa balandra con el **romesco** (ver pág. 246). Esta preparación, típica de las comarcas de Montsià y el Baix Ebre (sur de Tarragona), lleva frutos secos, ajo, pan y vinagre como su popular prima, aunque marca distancias con ella al servirse caliente.

La balandra es una salsa marinera: toma su nombre de un tipo de embarcación y era utilizada por los pescadores para animar el pescado cocido. Vale para acompañar cualquier animal marino, pero funciona especialmente bien con los de carne blanca y firme, como el bacalao o el rodaballo. La siguiente receta es de uno de mis restaurantes favoritos de Barcelona, el Suru Bar, donde la sirven con patitas de calamar y bimi a la brasa. El vinagre y el pimentón picante se pueden ajustar al gusto.

PREPARACIÓN

1. Picar los ajos y el pimiento rojo, y sofreírlos en una sartén grande con un chorro de aceite y una pizca de sal a fuego medio hasta que se ablanden, unos 5-10 minutos.
2. Cortar el tomate en trozos grandes y añadirlo. Sofreír unos 5-10 minutos más, o hasta que se deshaga y pierda líquido.
3. Sumar el pimentón, remover un minuto y mojar con el vinagre. Dejar que evapore otro minuto.
4. Añadir las avellanas, las almendras y el pan. Esperar a que el pan se empape.
5. Mojar con el caldo de pescado y dejar que hierva unos 15 minutos.
6. Triturar a fondo y colar. Si ha quedado muy líquida, reducir al fuego. Si está muy espesa, añadir un poco más de caldo. Corregir de sal y vinagre, y mantener caliente.
7. Untar el rodaballo en aceite y pasarlo por una sartén muy caliente, primero por el lado de la piel, hasta que esté hecho. También se puede asar en la freidora de aire 12 minutos a 180 °C. Salarlo.
8. Servir el rodaballo con la salsa balandra y un poco de perejil picado por encima si se quiere.

Bonito en piperrada

INGREDIENTES
Para 4 personas

- **600 g de bonito fresco limpio de piel y espinas**
- **2 pimientos verdes grandes**
- **2 pimiento rojos medianos**
- **2 cebolletas medianas**
- **400 g de tomate pelado fresco o en conserva**
- **1 diente de ajo**
- **2 cucharadas de vinagre de Jerez**
- **Aceite de oliva**
- **Sal**

Acelerar

Usa pimientos en conserva y tomate triturado.

Como *tipula* (cebolla), *kerezi* (cereza) o *piku* (higo), *piper* es una de esas palabras del euskera que viene directamente del latín. Y como ocurre en el inglés con *pepper*, se utiliza indistintamente para designar a la pimienta, conocida en Occidente desde tiempos de los romanos, y al pimiento, que llegó mucho más tarde tras la llegada de los conquistadores españoles a América.

Conocer esta pequeña curiosidad lingüística no te ayudará en la preparación de una piperrada, pero siempre queda bien soltarla cuando la sirvas. Tus comensales estarán tan encantados con el plato que seguramente te perdonarán la turra: es comida popular vasco-navarra en su mejor expresión. Aunque es bastante habitual juntarla con bacalao, también le va al pelo al bonito, tanto fresco como en conserva. Mi receta se ajusta a la tradición, salvo en un par de detalles: prefiero poner el ajo al final en modo refrito con una cucharada de vinagre de Jerez para contrastar, y quito la piel a los pimientos verdes porque si son muy pellejudos es un poco molesto encontrarla en el plato.

PREPARACIÓN

1. Si se quiere pelar los pimientos verdes, quitarles las pepitas y el tallo y hacerles un corte en cruz en la punta. Meterlos en el microondas tapados un minuto y medio, dejar que se enfríen y pelarlos en la medida de lo posible (no pasa nada porque quede algo de piel).
2. Picar la cebolleta en juliana y ponerla en una sartén grande con un chorro de aceite de oliva a fuego medio. Pochar removiendo de vez en cuando.
3. Mientras, picar los pimientos en tiras no demasiado largas de un centímetro de ancho aproximadamente. Incorporarlos a la cebolla cuando esté pochada, remover, salar ligeramente y tapar. Dejar que se hagan unos 20 minutos removiendo de vez en cuando, hasta que estén blandos y bien cocinados.
4. Mientras los pimientos se hacen, despepitar y picar el tomate. Añadirlo a los pimientos cuando estén hechos, remover y dejar que se cocine otros 20 minutos, o hasta que el tomate haya perdido buena parte de su líquido. Corregir de sal.
5. Cortar el bonito en dados gruesos, salarlo e incorporarlo a la piperrada. Tapar, dejar un minuto y retirar del fuego.
6. Cortar el ajo en láminas y dorarlo a fuego medio-bajo en otra sartén o cazuela pequeña con un chorro de aceite. Bajar el fuego, dejar que baje un poco la temperatura del aceite y añadir el vinagre de Jerez. Remover, cocinar un minuto, verterlo todo sobre la sartén con los pimientos y el bonito, menear un poco el conjunto y servir.

Patrimonio nacional: el escabeche

El escabeche es una verdad incómoda de la gastronomía española. Duele reconocer que una de las mejores técnicas culinarias autóctonas, arraigada desde tiempos remotos, se haya convertido en residual, y sólo perviva en zonas o restaurantes muy concretos. Que apenas se utilice en las cocinas domésticas urbanas. O que buena parte de la población ignore su existencia más allá de las latas de mejillones o de bonito.

¿Qué han hecho para merecer ese desprecio los pobres pescados, carnes o verduras escabechados, es decir, cocinados en aceite, vinagre y agua, y aromatizados con otros ingredientes varios? Si son un patrimonio nacional, ¿cómo reciben tan poca atención? ¿Por qué se minusvalora un método de preparación tan sencillo como exquisito, cuando se abrazan con entusiasmo preparaciones foráneas que también juegan con la acidez, como los ceviches?

Mientras nos secamos las lágrimas avinagradas, pensemos en algunas posibles causas del declive. Los escabeches nacieron como un método para alargar la vida útil de los alimentos, y ahora tenemos neveras. Para rechazo de los reticentes a las grasas, llevan bastante aceite, y por ese motivo pueden resultar un tanto engorrosos de manipular. No son difíciles de cocinar, pero tampoco demasiado rápidos para las prisas contemporáneas. Y sus tonos apagados no son muy lucidos visualmente, lo que puntúa en contra en la Era de la Apariencia.

A pesar de estos inconvenientes, tampoco es que la llama del escabeche esté del todo apagada. Aunque cada vez sea más difícil encontrarlos, se siguen preparando en algunas localidades de España, sobre todo en las comunidades del interior donde más tradición han tenido, como Castilla y León, Castilla-La Mancha, Extremadura o Madrid. Incluso podríamos hablar de un resurgir en restaurantes de cierto nivel: cocineros como Pepe Rodríguez (El Bohío), Chechu González (María de la O, en Granada), Juan Sahuquillo (Cañitas Maite y Oba, en Casas Ibáñez, Albacete), Carlos García (La Cocina de Frente, Madrid) lo reivindican en sus cartas, y otros como Luis Alberto Lera (Lera, en Castroverde de Campos, Zamora), han hecho de ellos un emblema.

«Mis padres tenían un mesón aquí en el pueblo, y allí siempre se cocinaban escabeches», recuerda Luis Alberto. «Los hacían de conejo, perdiz, codorniz, pichón o paloma, y también de pescados azules. Yo llevo desde los veintiocho años metido en la cocina, escabechando casi todos los días de mi vida. Lo único que he hecho ha sido coger el recetario popular que vi siempre en mi casa, e ir dándole forma hasta llegar a lo que para mí es un escabeche perfecto.»

En ese viaje, Lera ha moderado la acidez para respetar el sabor de los alimentos escabechados. «Quería que el escabeche de perdiz supiera a perdiz, y no tanto a carne con acético, hierbas y especias. ¿Cómo lo logramos? Haciendo escabeches inmediatos, no de guarda, que ya no tienen tanto sentido porque tenemos frigoríficos. No hace falta que sean tan ácidos, así que podemos potenciar el producto y quitarle protagonismo al aceite, al vinagre, al ajo... al propio escabeche.»

Con el pescado hace algo parecido, acortando al máximo las cocciones. «Casi son infusiones en el propio escabeche, para que el pescado sepa a lo que es y tenga textura. Los escabeches antiguos eran una mezcla de aceite y vinagre, laurel, pimienta, tomillo, etcétera. Cojonudo, porque mojabas el pan y estaban ricos, pero no sabían nunca ni a sardina, ni a chicharro, ni a bonito. Sabían a escabeche.»

Los escabeches nacieron como un método para alargar la vida útil de los alimentos

Aunque el primer testimonio de algo parecido a un escabeche nos lleve hasta la Mesopotamia de 1750 a. C. (Tablillas de Yale), y los griegos y romanos ya cocinaran preparados similares, los escabeches llegan a la península ibérica con los árabes en la Edad Media: según la RAE, el término viene del árabe hispánico *assukkabáğ*, y éste del persa *sekbā*. Hasta que se popularizaron las neveras en el siglo xx, el poder conservante del vinagre los hizo especialmente útiles para tratar la caza, el pescado azul o determinados moluscos, pero también se elaboraban por el puro placer de disfrutar de la acidez. La dirección que parecen tomar hoy, al menos en la cocina refinada, es la de transformarse en un método para conseguir salsas o aliños potentes, además de una técnica de cocción.

También se ha ampliado el repertorio de comestibles al que aplicarlo. Para Lera, reconocido por la crítica como un maestro del género, se puede hacer escabeche de muchas materias primas, pero no de todas. «Me encantan los de setas carnosas, como níscalos o rebozuelos, pero nunca lo haría con setas acuosas, porque se convertirían en esponjas llenas de aceite y vinagre. He hecho escabeches de ciervo, de jabalí, de pescados azules... pero no lo usaría para un pescado blanco, porque probablemente me lo cargaría.» ¿Y verduras? «Ahí tenemos mucho que aprender de los italianos, que hacen zanahorias o berenjenas fantásticas. En Castilla y León se han usado poco, quizá algo más en Castilla-La Mancha o el Sur, pero tienen una cabida tremenda.»

El sabor básico más característico del escabeche es el ácido. Y el ácido lo pone el vinagre. Los cocineros se dividen respecto a este ingrediente: unos insisten en que hay que utilizar siempre uno de buena calidad, mientras que otros mantienen que no hace falta. «Yo uso vinagre blanco normal y corriente, que es el más fuerte y es el que más me gusta», reconoció Carlos García en un encuentro entre chefs aficionados al género. Luis Alberto Lera también apuesta por escabechar con «vinagre blanco neutro normalito, de supermercado», o si acaso uno de manzana para el pescado, para luego aliñar una vez acabado el plato con unas gotas de otro más noble o con más personalidad. Un criterio que aplica también al aceite.

Las proporciones de ambos ingredientes y de agua también dan pie a eternos debates. La norma clásica pide un tercio de cada líquido, pero hay quien se revuelve contra ella. «Yo no creo en esa receta, creo en un escabeche que te guste», asegura Lera. «Tú puedes tener el punto de acético más alto que el mío, y preferirás un escabeche más avinagrado. Lo mejor es ir probando hasta encontrar tus medidas.»

Una vez modulada la acidez —en la que también pueden intervenir otros líquidos como el vino— y elegidos el ingrediente principal y sus acompañantes, preparar un escabeche es bastante sencillo. Y agradecido: incluso uno malo está bueno. Además, puede aguantar en buen estado hasta diez días en la nevera, y cuando se acaba, el líquido emulsionado puede servir como aliño para una ensalada o unas verduras, formar parte de una salsa o convertirse en un potenciador de sabor en cualquier tipo de plato.

El escabeche es una técnica que sigue teniendo sentido en el siglo XXI, y su retorno a las mesas es una forma de reivindicación de lo propio

El escabeche es una técnica que sigue teniendo sentido en el siglo XXI, y su retorno a las mesas es una forma de reivindicación de lo propio. «En España somos un poco acomplejados y pensamos que lo nuestro no es tan bueno como lo de los demás», afirma con rotundidad Luis Alberto Lera. «Aquí llegó el ceviche y parecía la panacea, cuando teníamos el escabeche. A mí me encanta mirar las cocinas de fuera, pero creo que estamos en un momento de mirar hacia adentro. ¿Sabes por qué? Porque como no miremos ahora se nos va al carajo un montón de cultura ancestral.»

Caballa en escabeche sin fritanga

INGREDIENTES
Para 4 personas

- **Los lomos limpios sin espinas de 4 caballas o unos 500 g de cualquier pescado**
- **2 zanahorias medianas**
- **1 puerro (parte blanca)**
- **2 cebolletas**
- **2 tomates de colgar (en su defecto, unos 200 g de cualquier tomate)**
- **2 dientes de ajo sin pelar**
- **La piel de media naranja**
- **1 cucharadita de pimentón no ahumado**
- **1 cucharadita de tomillo seco o una rama de fresco**
- **1 cucharadita de granos de pimienta**
- **50 ml de un vinagre de buena calidad**
- **50 ml de vino blanco**
- **50 ml de agua**
- **Unos 250 ml de aceite de oliva suave**
- **300 g de garbanzos (opcional)**
- **Sal**

Variantes

Puedes usar atún, bonito, boquerones, sardinas, merluza u otros pescados, ajustando el tiempo de cocción.

Aclaración previa: me encantan los escabeches tradicionales con fritanga. Es decir, aquellos en los que el pescado se enharina y se fríe para después someterse al escabechado. Son maravillosos... para comerlos en un bar o para que te los haga una amiga. Si poner la cocina hecha un cristo y perfumar con *eau de sardine* toda la casa no son tus actividades favoritas, mejor enfrentarse a este plato por otra vía menos engorrosa.

El escabeche de caballa que propongo es poco lioso, relativamente limpio —sólo necesitas una cazuela— e igual de suculento que los de toda la vida, pero intenta ser más respetuoso con el punto de cocción del pescado para que resulte más jugoso. Su potencia es ajustable: si no te van mucho los sabores ácidos, baja un poco la cantidad de vino y de vinagre. Una vez consumido el pescado con parte de las verduras, no se te ocurra tirar el resto, porque vale para aliñar ensaladas, patatas o legumbres cocidas, arroz blanco o lo que se te ocurra.

PREPARACIÓN

1. Pelar las zanahorias. Cortarlas en trozos medianos y hacer lo mismo con el puerro. Cortar las cebolletas en cuartos, y los tomates, por la mitad.
2. Ponerlo todo en una cazuela junto con los ajos y añadir el aceite. Debe cubrir unas tres cuartas partes de las verduras como mínimo. Calentar a fuego suave y cocinar unos 10 minutos desde que el aceite empiece a burbujear. No tiene que hervir fuerte: es más un confitado que una fritura.
3. Retirar del fuego y añadir el pimentón. Dejar que suelte su aroma medio minuto.
4. Añadir el vinagre, el vino, el agua y sal, y volver a poner a fuego suave. Cocinar 15 minutos más para que estos líquidos reduzcan y las verduras se acaben de hacer.
5. Añadir los garbanzos si se usan y dejar un par de minutos.
6. Por último, terminar con las caballas con la piel hacia arriba, sumergiéndolas en el escabeche con cuidado. Cocinar un par de minutos, retirar del fuego y tapar. Se puede comer en el momento, pero está mejor si se deja reposar en la nevera 24 horas.

Almejas a la marinera

INGREDIENTES
Para 4 personas

- **1 kg de almejas**
- **1 cebolleta**
- **2 dientes de ajo**
- **1 o 2 guindillas secas pequeñas (opcional)**
- **1 cucharada de harina**
- **200 ml de txakoli u otro vino blanco seco**
- **Un manojo de perejil fresco**
- **Aceite de oliva virgen extra**
- **Sal**

Las almejas a la marinera son uno de los mejores ejemplos de comida rápida que nos ofrece el recetario tradicional español. Sin muchos ingredientes y con una preparación exprés puedes llevar a tu mesa un platazo memorable, en el que el sabor marino del molusco ensambla a la perfección con el dulzor de la cebolla, la leve acidez del vino y los aromas del ajo y el aceite de oliva, y el picor de la guindilla, si es que se la quieres poner.

Mi receta es la clásica —cortesía de mi difunta madre— con un pequeño giro de guión al final: en vez de poner perejil picado, preparo un sencillísimo aceite de perejil para rematar la faena. Dado el elevado precio de las almejas, propongo también una variante para los hogares con economías más tocadas: usar las almejas a la marinera para remojar unas patatas y crear otro plato más abundante que, si te descuidas, es todavía mejor.

PREPARACIÓN

1. Picar finamente la cebolleta y los dientes de ajo.
2. Poner un buen chorro de aceite a calentar en una cazuela y añadir el ajo y las guindillas si se usan.
3. Cuando el ajo se empiece a dorar, añadir la cebolleta. Dejarla unos 10 minutos a fuego medio bajo hasta que se poche.
4. Mientras la cebolleta se hace, preparar el aceite de perejil. Poner a calentar agua con sal en una cazuela pequeña. Cuando hierva, sumergir el perejil en el agua 10 segundos.
5. Sacarlo y ponerlo en un vaso batidor. Cubrir con aceite de oliva y una pizca de sal, triturar a fondo y reservar.
6. Añadir la harina a la cebolleta y rehogarla bien un par de minutos.
7. Mojar con el vino, remover y subir el fuego.
8. Cuando esté hirviendo, incorporar las almejas, tapar y dejarlas en el fuego el tiempo justo hasta que se abran. Se puede ir sacando las abiertas para que no se pasen de cocción.
9. Servir las almejas en un plato o bandeja con su salsa, y terminarlas con unas cucharadas de aceite de perejil por encima.
10. Para estirar el plato, corta en rodajas dos o tres patatas cocidas. Ponlas en una cazuela ancha y mójalas con la salsa de las almejas. Dales un hervor suave de un par de minutos meneando la cazuela, y añade un poco de caldo de pescado si se ven muy secas. Retira del fuego, pon las almejas por encima, tapa, deja que se calienten un par de minutos y sirve.

Chipirones a lo Pelayo

INGREDIENTES
Para 4 personas

- **Entre 12 y 16 chipirones, dependiendo del tamaño**
- **3 cebollas grandes**
- **1 pimiento verde grande**
- **2 dientes de ajo**
- **200 ml de txakoli o cualquier vino blanco seco**
- **100 ml de brandy**
- **Aceite de oliva virgen extra**
- **Sal**

Acelerar

Cocina la cebolla, el pimiento y el ajo en olla rápida con el vino, el brandy y una pizca de bicarbonato 20 minutos, y después reduce si es necesario.

El origen de los chipirones a lo Pelayo es incierto. La teoría más extendida afirma que nacieron en los años veinte del siglo pasado en una tasca de Getaria (Guipúzcoa) llamada Casa Pelayo, regentada por Pelayo Manterola y Teresa Irure. La presencia de pimiento verde distingue a éste de otros pescados encebollados españoles, y al menos en mi cabeza hace que sepa más vasco. La receta a continuación mezcla la que aparece en el muy recomendable libro *La cocina vasca,* de Marti Buckley, con la que prepararon los chefs Diego Guerrero y Dani García en el programa de TVE *Hacer de comer,* más algunas aportaciones personales a mi gusto.

PREPARACIÓN

1. Picar los ajos y ponerlos a dorar a fuego suave en una cazuela con un chorro de aceite de oliva.
2. Cortar las cebollas y el pimiento en juliana no muy fina (unos 5 mm de grosor). Añadirlos a la cazuela cuando el ajo empiece a dorarse, remover y subir el fuego a medio-bajo. Cocinar unos 20 minutos removiendo de vez en cuando.
3. Mientras, limpiar los chipirones si no se ha pedido que lo hagan en la pescadería: primero separar los tentáculos y sacar las tripas. Desechar éstas, los ojos y el pico. Quitarles las aletas (se pueden reservar para luego) y la pluma o cartílago. Lavar los chipirones, escurrirlos bien y dejarlos sobre papel de cocina para que se vayan secando.
4. Salar la cebolla y el pimiento y añadir la mitad del vino y el brandy. Dejar cociendo otros 25 minutos a fuego suave, o hasta que la cebolla haya cogido un color marrón y prácticamente se deshaga.
5. Poner los tentáculos en un bol (con las aletas picadas si se quiere) y mezclarlos con un par de cucharadas rasas del sofrito de cebolla y pimiento. Rellenar con esta mezcla los cuerpos de los chipirones, y cerrarlos aplastando un poco la entrada con los dedos. Salar ligeramente.
6. Calentar una sartén grande a fuego vivo, sin aceite. Cuando esté muy caliente, pasar los chipirones por la plancha, sin amontonarlos ni marearlos: primero por un lado, uno o dos minutos; luego por el otro, un minuto. Ir poniéndolos dentro de la cazuela de la cebolla y el pimiento.
7. Desglasar la sartén con el resto del vino blanco, y añadirlo a la cazuela. Cocinar suave los chipirones unos 3 o 4 minutos meneando la cazuela de vez en cuando, para que la mezcla ligue. Servir.

Choco en salsa al estilo canario

INGREDIENTES
Para 4 personas

- **500 g de choco o sepia limpia**
- **2 patatas medianas**
- **8 tomates secos en aceite**
- **1 cebolla**
- **2 dientes de ajo**
- **1 pimienta palmera o guindilla**
- **1 cucharadita de pimentón**
- **3 cucharadas de tomate frito o salsa de tomate (ver pág. 250)**
- **100 ml de vino blanco**
- **Perejil**
- **Aceite de oliva**
- **Sal**

Acelerar

Cuece el choco y las patatas en olla rápida 15 minutos.

Variantess

En vez de choco puedes usar sepia, y añadir al sofrito pimiento verde y comino.

Canarias

Muchos guisos marineros españoles siguen la misma fórmula, que se podría resumir así: pescado / marisco + patata + sofrito + agua / caldo. Lo que no significa que sean iguales, porque en esa combinación de elementos puede haber múltiples variantes en función de los ingredientes o el proceso de preparación. En el caso del choco en salsa en versión canaria, para mí el punto diferencial lo ponen el cefalópodo protagonista, el picante del sofrito y la densidad final del conjunto.

El choco viene a ser lo mismo que la sepia o la jibia, que en este caso conviene que esté limpia. La presencia de patata en el guiso es optativa, pero si no se le pone, se recomienda acompañarlo con patatas fritas o cocidas (o arrugadas, si uno tiene la suerte de estar en Canarias). Mi receta está basada en la que publicó en *El Español* la cocinera Clara Pérez-Villalón, y a ella le debo la genial —aunque poco canónica— idea de potenciar el sabor del sofrito con tomate seco.

PREPARACIÓN

1. Picar el choco en trozos de unos 3 o 4 cm.
2. Pelar los dientes de ajo y la cebolla y picarlos finamente junto con la pimienta palmera o la guindilla.
3. Saltear el choco en una cazuela con un chorro de aceite a fuego medio alto un par de minutos. Pasarlo a un plato hondo o bol con todo el líquido que haya soltado.
4. Bajar el fuego a medio, añadir otro chorro de aceite de oliva a la cazuela y rehogar la cebolla, el ajo y la guindilla con un poco de sal unos 10 minutos, hasta que estén blandos y ligeramente dorados.
5. Incorporar el pimentón a la cazuela y remover un minuto.
6. Sumar los tomates secos, el tomate frito y el vino. Cocinar un par de minutos más hasta que deje de oler a alcohol.
7. Triturar el sofrito y devolverlo a la cazuela.
8. Pelar y picar las patatas en trozos de bocado e incorporarlas al guiso junto al choco. Añadir agua hasta que casi cubra del todo las patatas y el choco (unos 500 ml aproximadamente), y salar.
9. Cocinar a fuego suave unos 20-30 minutos, o hasta que la patata esté hecha; el choco, tierno, y la salsa, espesa. Vigilar que no se quede seco durante la cocción, y si eso ocurre, añadir un poco más de agua.
10. Corregir de sal y servir con perejil picado por encima.

Carnes

Escarapuche

INGREDIENTES
Para 4 personas

- **500 g de secreto, pluma o solomillo de cerdo ibérico**
- **400 g de tomate**
- **½ cebolla roja**
- **4 cucharadas de vinagre de Jerez**
- **Aceite de oliva**
- **Sal**

Variantes

Puedes hacer escarapuche con cualquier carne a la plancha, desde ternera hasta pollo o pavo.

Las ensaladas de carne son una rareza en la cocina tradicional española, pero como con el uso del cilantro, Extremadura se marca un hecho diferencial con el escarapuche. Esta combinación de cerdo a la parrilla —o, en su defecto, a la plancha—, tomate y cebolla aliñados con aceite de oliva, vinagre y sal, es típica de la Siberia extremeña, y tiene todo el perfil de plato campero ideal para los días de calor.

Los escarapuches, claramente emparentados con los escabeches, se preparan con pescado de río o pantano, con cerdo o con caza; en el apartado de las verduras, admiten la aparición del pimiento, el ajo o incluso las setas. La acidez del vinagre y el tomate crudo aligera la carne de una forma sorprendente, y si logras no cocinarla en exceso, el plato será un éxito rotundo. Yo prefiero añadir el tomate al final para que no se ablande demasiado, pero si sobra escarapuche, no sufras porque también estará bueno después de unas horas de macerado.

PREPARACIÓN

1. Poner a calentar una sartén a fuego vivo. Si se usa solomillo, cortarlo en rodajas gruesas.
2. Untar la carne con aceite de oliva y pasarla por la sartén lo justo para que se dore bien por fuera, uno o dos minutos por lado. Dejar reposar en un plato hondo unos 10 minutos.
3. Cortar la cebolla en juliana.
4. Cortar la carne en tiras y aliñarla con el vinagre, 6 cucharadas de aceite y sal. Ponerla en un táper o fuente con la cebolla y el jugo que haya soltado, mezclar y dejar tapado en la nevera una hora como mínimo.
5. Cortar los tomates en trozos irregulares de bocado y salarlos ligeramente. Juntar con la carne, la cebolla y su aliño y servir.

Carcamusas

INGREDIENTES
Para unas 4 personas, de aperitivo

- **750 g de magro de cerdo**
- **200 ml de vino blanco**
- **100 ml de vino oloroso**
- **1 cebolla grande**
- **100 g de guisantes (pueden ser congelados)**
- **250 g de tomate triturado**
- **3 dientes de ajo pequeños**
- **1 guindilla fresca grande o un par de cayenas secas (o más, si gusta más picante)**
- **Aceite de oliva**
- **Pimienta negra**
- **Sal**

Variantes

Puedes añadir un poco de chorizo, panceta o tocino picados al sofrito.

Las carcamusas son uno de esos platos regionales cuyo nombre parece un insulto, pero que cuando te los metes en la boca son todo amabilidad. Las teorías sobre el origen de esta tapa toledana de carne con tomate son —cómo no— de lo más variadas y pintorescas: mi favorita dice que se llaman así porque en el bar Ludeña, donde supuestamente se inventaron, se juntaban señores mayores («carcas») con chicas jóvenes («musas»), pero *todes* disfrutaban con esta tapa.

Verdad o no, las carcamusas están deliciosas y son muy fáciles de preparar. Mi versión es ascética cual santo de El Greco: no lleva ni pimiento ni más ingredientes porcinos que la propia carne, pero los admite si te apetece ponérselos. Teniendo en cuenta que prepararla lleva un cierto tiempo y energía —y sale del congelador igual de buena que entra—, es aconsejable cocinar dos o tres veces más cantidad y así tenerlas listas para cuando te entre otra vez el antojo.

PREPARACIÓN

1. Cortar la carne en trozos de bocado, eliminando partes de grasa si las hay. Salpimentar.
2. Picar la cebolla y el ajo.
3. Calentar un chorro de aceite en una cazuela a fuego vivo. Dorar la carne, ponerla en un plato hondo y reservar.
4. Bajar el fuego a medio, verter un poco de aceite en la cazuela y dorar ligeramente el ajo. Después añadir la cebolla, la guindilla y una pizca de sal.
5. Unos 10-15 minutos después, o cuando la cebolla ya esté pochada, devolver la carne a la cazuela y mojar con el vino blanco y el oloroso. Cuando empiece a hervir, bajar el fuego a medio-bajo y dejar que los vinos reduzcan unos 15-20 minutos.
6. Añadir el tomate, tapar la cazuela y dejar que se haga a fuego muy suave unos 20-25 minutos.
7. Pasado ese tiempo, destapar y dejar que la salsa reduzca hasta espesarse un poco.
8. Incorporar los guisantes y cocinar unos 3 minutos. Rectificar de sal.

San jacobo perfecto

INGREDIENTES
Para 8 san jacobos

- 8 lonchas gruesas de jamón cocido
- 200 g de queso Arzúa-Ulloa (o un trozo igual de otro queso que funda bien)
- 3 cucharadas de miel
- 3 cucharadas de mostaza
- 3 huevos pequeños
- Harina
- Pan seco (en su defecto, pan rallado grueso)
- Pimienta negra
- Aceite de oliva
- Sal

Variantes

Puedes poner un poco de nuez moscada a la salsa.

Primo del *cordon bleu*, el flamenquín o el cachopo, el san jacobo es un plato definitivamente pasado de moda. Tuvo su momento de gloria en las décadas de 1980 y 1990, pero hoy vive relegado a los cajones de ultracongelados, la (mala) comida «infantil» o los menús del día más viejunos, sin que se le vea el pelo por la carta de ningún restaurante con la más mínima pretensión.

¿Ha llegado la hora de reivindicarlo? Rotundamente, sí, porque un san jacobo casero bien hecho es una auténtica delicia. Un queso fundido de calidad, recubierto por un jamón cocido digno y un empanado crujiente, puede proporcionar más satisfacciones de las que pensamos. Ésa es la razón de ser de mi versión *deluxe* / *premium* / pija de este frito, con pan rallado casero y un toquecillo de mostaza y miel.

PREPARACIÓN

1. Triturar el pan seco en un robot de cocina o rallarlo con un rallador (también se puede usar pan rallado comprado).
2. Cortar el queso en trozos cuadrados de unos 6 o 7 cm y aproximadamente ½cm de espesor. Meterlos en la nevera o el congelador para que estén bien fríos.
3. Mezclar la miel y la mostaza en un cuenco.
4. Extender una loncha de jamón cocido y untarla con la mezcla de miel y mostaza con un pincel de cocina o una cuchara. Cortarla por la mitad a lo largo.
5. Colocar un trozo de queso sobre una de las mitades y doblar los extremos hacia adentro. Poner este paquete con la parte doblada hacia abajo sobre la otra mitad y cerrar de la misma forma, para que todos los lados del queso queden cubiertos.
6. Preparar en tres platos diferentes los ingredientes del empanado: el pan rallado, la harina y el huevo batido con una pizca de sal y pimienta negra.
7. Calentar aceite abundante en una sartén a fuego medio alto.
8. Pasar los paquetitos de jamón y queso primero por harina, luego por huevo batido y finalmente por el pan rallado. Freír hasta que estén dorados y sacar a un plato con papel de cocina. Servir calientes.

Pollo al ajillo

INGREDIENTES
Para 4 personas

- **800 g de contramuslos de pollo sin piel (si no están deshuesados, 1 kg aproximadamente)**
- **1 cabeza de ajo**
- **1 hoja de laurel**
- **3 o 4 guindillas secas pequeñas**
- **100 ml de coñac o brandy**
- **1 cucharadita de pimienta en grano**
- **1 cucharada de vinagre de Jerez**
- **Pimienta en grano**
- **150 ml de aceite de oliva**
- **Sal**

Acelerar

La cocción del pollo se puede reducir a 20 minutos en olla rápida.

Variantes

Usa la misma técnica para otras carnes al ajillo, ajustando los tiempos de cocción.

Su nombre puede asustar a los que les sienta como un tiro el ajo. Sin embargo, el pollo al ajillo no tiene por qué resultar indigesto si pones los dientes enteros, no te los comes, y sólo disfrutas del maravilloso saborcillo que le dan a la salsa. Esta es sólo una de las muchas ventajas de este clásico de la cocina española, que se hace con la gorra, es barato, incluye pocos ingredientes y no exige conocimiento culinario alguno en su preparación.

Mi versión respeta la fórmula tradicional, pero, como diría la cocinera británica Nigella Lawson, apuesta por «maximizar el placer». Por eso incorporo algunos pequeños detalles para realzar el sabor: unos granos de pimienta, brandy en vez de vino y un toquecillo de vinagre de Jerez. El uso de contramuslos es opcional, pero conviene si queremos una carne tierna y jugosa.

PREPARACIÓN

1. Pelar los dientes de ajo y ponerlos a rehogar con el laurel y el aceite en una cazuela a fuego medio-bajo. Vigilar que no se quemen.
2. Salar los contramuslos.
3. Sacar el laurel y los ajos cuando estén dorados, subir el fuego y cuando el aceite esté bien caliente, freír en él los contramuslos en tandas, hasta que estén bien dorados por todos lados. Ponerlos en un plato y bajar el fuego.
4. Cuando el aceite se haya templado, volver a poner en la cazuela el pollo y los ajos. Sumar el brandy, las guindillas, la pimienta en grano y el vinagre de Jerez. Añadir 150 ml de agua, remover y tapar. Dejar que el pollo se haga a fuego lento unos 40 minutos, o hasta que esté tierno.
5. Si la salsa ha quedado muy líquida, se pueden sacar el pollo y los ajos y reducirla unos minutos a fuego vivo.

Pollo a la moruna

INGREDIENTES
Para 4 personas

- 1 kg de contramuslos de pollo deshuesados (1,5 aproximadamente si no está deshuesado)
- 2 cebollas dulces grandes
- 100 g de pasas sin semillas
- 8 ciruelas secas con hueso
- 8 albaricoques secos u orejones
- 100 g de aceitunas negras marroquíes o kalamata (o cualquiera fácil de deshuesar)
- 75 g de almendras crudas
- ½ cucharadita de romero
- ½ cucharadita de tomillo
- 1 cucharadita de miel
- Aceite de oliva
- Sal

Especias

- 1 cucharadita de cúrcuma
- 1 cucharadita de jengibre en polvo
- 1 cucharadita de comino
- ½ cucharadita de canela
- 1 cucharadita de pimentón
- ½ cucharadita de pimienta negra molida
- 2 clavos machacados
- ½ cucharadita de chile en polvo o de guindilla seca picada

Acelerar

Usa dos cucharadas de especias para pinchos morunos, almendras ya fritas y aceitunas deshuesadas.

Variantes

La misma fórmula vale para cocinar un pollo entero troceado, sacando las pechugas a mitad de la cocción.

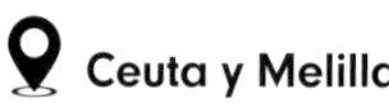

La gastronomía de Ceuta y Melilla es probablemente la más desconocida, por no decir ignorada, de España. Una lástima, porque la historia y el emplazamiento geográfico de las dos ciudades autónomas han convertido su cocina en algo muy particular: no sólo combinan influencias andaluzas y marroquíes, sino que poseen un listado de especialidades propias bastante potente para el pequeño territorio que ocupan.

El pollo a la moruna es una de las joyas del repertorio ceutí, y te da todo lo que puedes esperar de una receta hispana con acento magrebí: aromas especiados, mezcla de salado con dulce, carne melosa, y frutas y frutos secos a cascoporro. El parentesco con los tajines de Marruecos es tan evidente que no se esconde ni en la denominación del plato. Existen incontables maneras de prepararlo, y la mía apuesta por la sencillez en la preparación y cierto desparrame en la cantidad de ingredientes.

PREPARACIÓN

1. Mezclar las especias, el romero y el tomillo en un bol con un chorro de aceite de oliva. Embadurnar bien con esta mezcla el pollo y ponerlo en un táper. Dejar reposar en la nevera un mínimo de una hora (idealmente, de un día para otro).
2. Cubrir el fondo de una cazuela baja grande con aceite y calentarlo a fuego medio. Freír las almendras.
3. Mientras éstas se hacen, vigilando que no se quemen, cortar la cebolla en juliana no demasiado fina.
4. Retirar las almendras, subir a fuego medio alto y dorar el pollo en el mismo aceite, un par de minutos por lado. Apartar en a un plato hondo.
5. Poner la cebolla en la cazuela. Salpimentar y cocinar unos 15 minutos removiendo de vez en cuando, hasta que esté blanda y dorada.
6. Mientras la cebolla se hace, machacar en un mortero o triturar la mitad de las almendras. Deshuesar las aceitunas.
7. Añadir las pasas, las ciruelas y el pollo a la cebolla, y mezclar.
8. Mojar con unos 150 ml de agua, tapar y cocinar a fuego suave unos 30 minutos, meneando la cazuela de vez en cuando.
9. Añadir almendras machacadas, los albaricoques u orejones, la miel y las aceitunas, y cocinar destapado unos 5-10 minutos más, o hasta que el pollo esté tierno.
10. Servir con las almendras fritas reservadas por encima.

Hay una especia que lo hace todo en España

«El pimentón ha llegado a ser un artículo de primera necesidad para casi todos los habitantes de España, como la sal y el aceite.» La frase es del año 1892 y la escribió Ángel Muro en el *Diccionario general de cocina,* pero aún tiene validez en el siglo XXI. Al menos para las personas que preparan platos tradicionales en sus casas o se dejan arrastrar por el vicio en las charcuterías: como el hombre de la canción de Astrud, el pimentón es la especia que lo hace todo en España. Está en nuestras sopas, guisos, potajes, salsas, sofritos, arroces, escabeches o pescados, y muchos de los embutidos más identitarios del país no serían lo mismo sin él, desde el chorizo hasta el lomo.

Amamos el pimentón. Otra cosa es que lo conozcamos bien. Si somos de los que nos preguntamos por el origen de las cosas, sabremos que el pimentón no es más que pimiento deshidratado y molido. A nada que hayamos tenido un mínimo contacto con la cocina, seremos conscientes de que existe un pimentón que pica y otro que no. La Vera quizá nos suene como lugar de producción... y si no somos usuarios avanzados, es probable que nuestra sapiencia termine ahí.

El cruce de ejes que diferencian los tipos de pimentón —variedad de pimiento, método de producción, sabor y lugar de origen— tampoco ayuda. Así que vamos con un máster en cinco minutos pensado, sobre todo, para sacar partido en la cocina a la especia más popular del país, pero también para fardar de lo que sabes de ella.

Desde un punto de vista culinario, la división más relevante es la que separa los pimentones ahumados de los no ahumados, que está relacionada con la zona y la forma de elaboración. Los primeros son más propios de Extremadura (La Vera) y Castilla y León (Candeleda), donde los pimientos se deshidratan en sequeros con la ayuda del humo. En la zona mediterránea (Región de Murcia, Mallorca, Alicante o Andalucía oriental) se secan tradicionalmente al sol, en hornos o, en épocas más recientes, con aire caliente, por lo que carecen de notas ahumadas.

¿Cuál es mejor? Depende del plato. Para decidirme por uno u otro, yo tiro de una norma bastante sencilla: si me interesa que haya un sabor que recuerde lejanamente al chorizo, voy a tope con el ahumado. Por ejemplo, en las **lentejas** (ver pág. 199), las **patatas a la riojana** (pág. 182) o la **salsa brava** (pág. 248). Si no, apuesto por el no ahumado, como en la **caballa en escabeche** (pág. 215) o la **olla gitana** (pág. 191). También existen preparaciones en las que el pimentón no es tan relevante, y puedes utilizar el que tengas más a mano.

La separación regional se cruza con la variedad de pimiento empleada, que influye en las cualidades del pimentón. En Murcia y alrededores se usa *Capsicum annum L.*, tipo bola, de forma redondeada, no picante (es decir, «dulce»). El pimentón de la Vera (norte de Cáceres) también admite esta variedad, pero son más características de su área las variedades de *Capsicum longum L.* llamadas «ocales» (Jaranda, Jariza y Jeromín), con las que se producen pimentones dulces, agridulces o picantes. Mallorca, por su parte, conserva una variedad autóctona de bola, el *tap de cortí*. Dulce y de forma piramidal, este pimiento que —cosas de la naturaleza— crece erecto con la punta hacia arriba, estuvo a punto de desaparecer en las últimas décadas del siglo pasado, y se ha recuperado en éste.

Ningún cursillo acelerado de pimentón estaría completo sin algo de historia. El pimiento o ají llegó a España con el primer viaje de Colón, en 1493. Los primeros en ver su potencial fueron los monjes jerónimos, que pronto arrancaron la producción de pimiento seco y molido, es decir, de pimentón, en sus dos áreas de referencia en la actualidad, Murcia y Cáceres.

Para distinguir un pimentón de calidad hay que fijarse en el aroma y en el color, que debe ser intenso y brillante

Allí la planta encontró no sólo un clima favorable de inviernos suaves y veranos secos, sino también riego procedente del Segura y de la Sierra de Gredos. A medida que el producto adquirió importancia, su elaboración se fue mecanizando. Mientras que en el área mediterránea los pimientos se secaban al aire, en el norte de Cáceres se desarrolló un sistema para hacerlo en grandes cantidades con otra fuente de calor: el humo procedente de la combustión de leña. «Las lluvias coincidían con el momento de la recolección del pimiento (septiembre-octubre), y obligaron a idear un proceso alternativo al sol», explica Juan Hernández Roldán, presidente del Consejo Regulador de la DOP Pimentón de la Vera. «Por eso los agricultores veratos del siglo XVII pusieron a punto el secadero de corriente vertical con hogar inferior, que se viene utilizando en la zona desde entonces.»

El caso de La Vera es un ejemplo de cómo un producto comestible puede transformar la economía de un territorio. En el siglo XVIII, el pimentón no sólo ayudó a paliar los efectos de la epidemia del castañar, sino que inició otra industria relacionada con él: la de las chacinas. En el XIX, sustituyó a dos productos tradicionales del área, el lino y la seda. La industria textil artesanal no pudo competir con la catalana, lo que impulsó el abandono de esas producciones. A partir de ese momento, los linares se dedicaron al cultivo del pimiento pimentonero.

España cuenta hoy con tres denominaciones de origen protegidas (DOP): Pimentón de la Vera, Pimentón de Murcia y Pimentón o *Pebre bord* de Mallorca. En 2021 facturó 8.200 toneladas de este alimento, y sólo en el norte de Cáceres se producen entre 3.500 y 4.500 dependiendo del rendimiento de la cosecha. La mayor parte nos lo comemos sin enterarnos: «Entre el 85 % y el 90 % de nuestro pimentón se destina a la producción de sobrasada y otros embutidos», explica Julia Lainez, secretaria de la DOP Pimentón/Pebre Bord de Mallorca. «Los embutidos, principalmente en el chorizo, llevan una dosis de entre 18 y 25 gramos por kilo de carne, y por eso se destina más pimentón a su fabricación que a la venta como condimento», secunda Juan Hernández Roldán desde La Vera. «Pero el uso en la cocina, tanto en consumo doméstico como en hostelería, va creciendo gracias a la fama que ha alcanzado el pimentón de la Vera en los últimos años.»

Las buenas noticias se juntan con otras más amenazadoras. La sequía, las lluvias torrenciales y las subidas de las temperaturas medias relacionadas con el cambio climático han reducido el rendimiento de las plantaciones de pimiento para pimentón. En 2023, en La Vera, se perdió el 25 % de la superficie plantada, y la productividad media por hectárea de cultivo fue un 30 % inferior a la de un año normal. En Mallorca también disminuyó la producción y el tamaño de los pimientos.

Con este panorama medioambiental, no hay que ser el Maestro Joao para predecir un futuro en el que el buen pimentón será más caro. Así que más vale aprender a elegirlo, cocinarlo y conservarlo. Para distinguir uno de calidad, hay que fijarse en el aroma y en el color, que debe ser intenso y brillante. Dato curioso: el poder colorante del pimentón, relacionado con su cantidad de carotenoides, se mide con el índice ASTA (American Spice Trade Association). El pimentón extra murciano debe tener más de 120 grados ASTA, mientras que las variedades locales de La Vera se mueven entre los 120 y los 200. «El de Mallorca tiene un 60 % más de carotenoides que el de la península, un color más anaranjado y mayor capacidad colorante», asegura Julia Lainez.

La manera más fácil de cargarte el pimentón cuando lo cocinas es quemarlo. Una temperatura demasiado alta transforma el polvo rojo en un aderezo amargo, por lo que hay que tener especial cuidado cuando lo añades, por ejemplo, a una sartén caliente. «Un tiempo de cocción prolongado también hace desaparecer sus aromas característicos», subraya Lainez. «Por eso en algunos guisos mallorquines se añade al final, junto a una picada de almendra, ajo y otras especias.»

¿Y la conservación? «Si lo guardamos en un lugar, fresco, seco y protegido de la luz, preservaremos sus propiedades organolépticas durante más tiempo», explica Hernández Roldán. «Y si no tenemos un lugar así o nuestra cocina es húmeda, a la nevera», añade Lainez. El pimentón suele tener un consumo preferente de unos veinticuatro meses desde la fecha de fabricación; después va perdiendo cualidades, aunque se puede seguir consumiendo. Ahora bien, recuerda que las especias no son eternas: igual ha llegado el momento de que hagas revisión y tires las que caducaron en 2015, que seguro que por tu despensa hay alguna.

Conejo en salmorejo

INGREDIENTES
Para 4 personas

- 1 conejo troceado (hígado incluido)
- 4 dientes de ajo
- 1 cucharadita de pulpa de ñora o pimiento choricero
- 1 cucharadita de tomillo
- 1 cucharadita de romero
- 1 cucharadita de orégano
- 2 cucharaditas de pimentón dulce
- 1 cucharadita de guindilla roja o pimienta palmera picada
- 100 ml de vino blanco
- 50 ml de vinagre
- Aceite de oliva
- Sal

Cuando en la península hablamos de «salmorejo», solemos pensar en la crema fría de tomate cordobesa. Sin embargo, el término fue utilizado en el pasado para designar distintas salsas que acompañaban platos calientes de carne, sobre todo de caza, y así aparece en muchos recetarios del siglo XIX. Esta acepción es la que pervive en Canarias, especialmente en uno de los platos estrella de su gastronomía: el conejo en salmorejo.

Aromática, picante y con un sutil deje ácido, la preparación logra infundir sabor a la carne tirando a sosita del conejo, gracias a un marinado previo con hierbas, pimentón, ñora, ajo y guindilla o pimienta palmera. La receta no encierra grandes dificultades, salvo la de buscar el punto en el que la carne no quede seca. Un dicho viejuno de regalo para cuando pruebes el plato: «Eche, eche, sea salmorejo o escabeche.»

PREPARACIÓN

1. Triturar en un mortero o con una batidora o robot los ajos, la pulpa de ñora, el tomillo, el romero, el orégano, una cucharadita colmada de pimentón dulce, ½ cucharadita de guindilla roja picada, 4 cucharadas de aceite de oliva y media cucharadita de sal.
2. Separar el hígado del conejo y reservarlo. Juntar el resto del conejo con la marinada en un táper y dejarlo tapado en la nevera un mínimo de 2 horas (idealmente, de un día para otro).
3. Cubrir una cazuela baja con aceite de oliva y calentar a fuego alto.
4. Sacar el conejo de la marinada y dorarlo en la cazuela en dos tandas. No hace falta que se haga por dentro, con que se dore bien por todos lados es suficiente. Ponerlo en un plato, bajar el fuego y retirar el exceso de aceite.
5. Dorar el hígado en la cazuela hasta que cambie por completo de color, y ponerlo en un mortero o en un vaso batidor.
6. Triturar el hígado con una cucharadita de pimentón, la media cucharadita de guindilla picada restante, un par de cucharadas de aceite, el vinagre y un poco de sal.
7. Devolverlo a la cazuela junto con la marinada y el conejo, mojar con el vino y 100 ml de agua y cocer tapado a fuego muy suave unos 30 minutos, o hasta que el conejo esté hecho. Conviene sacar los lomos unos 10 minutos antes para que no queden muy secos.
8. Si la salsa espesa demasiado durante la cocción, añadir un poco más de agua. Para que quede más homogénea, se recomienda sacar los trozos de conejo, triturar y volver a juntar todo.

Albóndigas

INGREDIENTES
Para 4 personas

- **500 g de carne de ternera picada**
- **300 g de carne de cerdo picada**
- **100 g de miga de pan**
- **1 huevo tamaño L**
- **Leche**
- **Pimienta negra**
- **Sal**

Salsa

- **2 cebollas**
- **1 pimiento verde**
- **1 zanahoria grande**
- **2 cucharadas de concentrado de tomate o 4 de tomate frito**
- **2 dientes de ajo**
- **20 g de setas deshidratadas**
- **100 ml de brandy o vino oloroso**
- **2 cucharaditas generosas de harina**
- **Aceite de oliva**
- **Sal**

Variantes

Prescinde de las setas deshidratadas y usa caldo de verduras o de carne para la salsa.

Si has nacido en España y no odias la carne picada, es muy posible que lleves siempre en el corazón unas albóndigas en salsa. Hay pocos platos en nuestro recetario tradicional más emocionales que éste, al menos para los que tenemos cierta edad. Para los que no la tienen, puede que no tanto, porque por desgracia estas pelotillas se han dejado de preparar en muchas casas por falta de tiempo.

El nombre de las albóndigas, proveniente del árabe hispánico *albúnduqa* («la bolita») delata su origen andalusí. Existen mil formas de prepararlas, aunque la manera más común es bañarlas en una salsa oscura de cebolla y otros ingredientes, similar a la española (ver pág. 251). Mi receta se sale de lo de siempre al incorporar setas deshidratadas, que cumplen la doble función de dar jugosidad a las albóndigas y profundidad a la salsa. Es importante usar carnes con cierta cantidad de grasa, que hayan pasado sólo una vez por la picadora.

PREPARACIÓN

1. Mojar la miga de pan con leche.
2. Llevar a ebullición 400 ml de agua con las setas. Cuando hierva, dejar un par de minutos, apagar el fuego y tapar.
3. Picar fino las 2 cebollas y ponerlas a rehogar a fuego medio en una sartén o cazuela baja grandes con un chorro de aceite de oliva y una pizca de sal, removiendo de vez en cuando.
4. Mientras la cebolla se cocina, preparar la masa de las albóndigas juntando las carnes, la miga de pan escurrida, el huevo, sal y pimienta negra. Mezclar muy bien y dejar reposar tapado en la nevera.
5. Pelar la zanahoria. Picarla junto al pimiento y los ajos.
6. Cuando la cebolla esté blanda y dorada, añadir una tercera parte aproximadamente a la carne, mezclar bien y devolverla a la nevera.
7. Sumar al resto de la cebolla que tenemos en la sartén el pimiento, la zanahoria y el ajo y volver a ponerla a fuego. Salar ligeramente y rehogar unos 10 minutos.
8. Añadir el tomate y rehogar otros 5 minutos, hasta que el sofrito esté espeso.
9. Incorporar la harina y cocinar 3 o 4 minutos.
10. Mojar con el brandy y el agua en el que se han rehidratado las setas. Remover y salar ligeramente.
11. Mientras la salsa va reduciendo, picar finamente las setas, añadirlas a la masa de carne y mezclar bien.

12. Formar las albóndigas (un buen método es ir cogiendo porciones con una cuchara y bolearlas con las manos mojadas) y dorarlas en una sartén con una base de aceite bien caliente o en la freidora de aire untadas con un poco de aceite 5 minutos a temperatura máxima. Sólo se tienen que dorar un poco, no hace falta que se hagan por dentro.
13. Cuando la salsa haya espesado, triturar si se quiere, corregir de sal y devolverla a la sartén. Terminar de cocinar las albóndigas en la salsa unos 15 minutos tapadas a fuego muy suave.

Sosenga

INGREDIENTES
Para 4 personas

- 2 carrilleras de ternera limpias
- 1 cebolla
- 2 dientes de ajo
- 15 g de miel
- 3 ramas de tomillo seco
- 1 de cucharada de perejil
- 1 cucharada de mejorana
- 10 g de manteca de cerdo
- 1 rama de canela
- 6 clavos de olor
- Pimienta negra
- 1 naranja grande o 2 pequeñas
- Hinojo en polvo (opcional)
- Aceite de oliva
- Sal

Picada

- 60 g de hígado de ternera
- 15 g de pan
- 1 cucharada de vinagre

Cataluña

El *Llibre de Sent Soví* es el recetario más antiguo escrito en catalán. Data de 1324, y sus fascinantes páginas demuestran que platos y preparaciones como el escabeche, los buñuelos, el sofrito, las empanadas o el caldo de pollo ya se cocinaban hace setecientos años de forma no demasiado diferente a la actual.

El libro incluye la receta en varias versiones de la sosenga, un guisote en el que la carne se acompañaba de una salsa o sofrito especiado. El plato da nombre a La Sosenga, oasis de buena cocina en mitad del Barrio Gótico, una zona de Barcelona en la que los establecimientos con personalidad han ido desapareciendo a medida que crecía el turismo masivo. Sus dueños, Marc Pérez y Tania Doblas, tuvieron a bien enseñarme su versión del plato, que es tan larga como sencilla de preparar.

PREPARACIÓN

1. Picar la cebolla y el ajo y ponerlos a sofreír en una cazuela grande a fuego medio bajo con un buen chorro de aceite de oliva.
2. Poner las carrilleras en una bandeja que se pueda meter en el horno. Salpimentarlas generosamente. Añadir la rama de canela troceada, el clavo y la manteca derretida y frotarlas para que se impregnen de los sabores.
3. Hornear a 200 °C 15 minutos . Dar la vuelta a las carrilleras y hornear 5 minutos más.
4. Cuando la cebolla y el ajo estén bien pochados, añadir a la cazuela el perejil picado, la mejorana y las ramas de tomillo y rehogar un par de minutos a fuego suave.
5. Sacar las carrilleras del horno y ponerlas en la cazuela. Desechar los trozos de canela y el clavo y desglasar la bandeja con un poco de agua. Añadirla a la cazuela.
6. Incorporar la miel a la cazuela y cocinar un par de minutos.
7. Cubrir con agua y cocer a fuego muy suave 2 horas, tapado con papel de horno con un agujero en medio.
8. Preparar la picada triturando el pan, el hígado y el vinagre.
9. Quitar el papel de horno de la cazuela y añadir la picada. Remover, volver a poner el papel y cocinar hora y media más a fuego muy suave. Dejar reposar (lo ideal es guardarlo en nevera hasta el día siguiente).
10. Calentar el guiso y triturar la salsa.
11. Servir acompañado de gajos de naranja pelada a lo vivo, aliñada con unas escamas de sal y un poco de aceite de oliva. La carne se puede aderezar con un poco de hinojo en polvo.

Salsas

Salsa de yogur y aguacate

INGREDIENTES
Para unos 300 g

- 1 aguacate maduro pero no excesivamente blando
- 1 yogur natural
- ½ lima
- 1 cucharadita de orégano
- ½ cucharadita de comino
- Dos cucharadas de aceite de oliva virgen extra
- Pimienta negra y sal
- Menta o cilantro picados

La idea de esta salsa proviene de una fantástica receta de berenjenas de Pablo Albuerne (Gipsy Chef), que recomiendo buscar en internet. No sólo sirve para acompañar verduras, sino que también funciona muy bien en ensaladas y bocatas. Si te lanzas a prepararla, lo más complicado será encontrar un aguacate en el punto justo de maduración, que permanezca entero y a la vez se disuelva ligeramente en el yogur.

PREPARACIÓN

1. Poner el yogur en un bol junto con la ralladura de la lima, su zumo, el orégano, el comino, el aceite de oliva, la pimienta negra, la sal y la menta o el cilantro picados, si se quiere. Batir bien hasta conseguir una mezcla homogénea.
2. Pelar y cortar el aguacate en daditos pequeños.
3. Añadirlo al yogur, remover, probar y corregir de sal. Usar la salsa para aliñar cualquier ensalada o para acompañar verduras asadas o a la plancha.

Salsa brava

INGREDIENTES
Para unos 100 g

- 1 cebolla mediana
- 2 cucharaditas de pimentón picante
- 1 cucharadita de pimentón dulce
- 1 cucharada generosa de almendra molida
- 2 cucharadas de carne de pimiento choricero o ñora
- 1 cucharadita de vinagre de Jerez
- Aceite de oliva
- Sal

Como dictan los puristas madrileños, mi salsa brava no lleva tomate, pero se sale del canon al prescindir del caldo y de la harina, dos componentes desde sus inicios en los años cincuenta. En mi nada humilde opinión, usar almendra es más interesante, y el caldo no es estrictamente necesario habiendo por medio actores con tanta personalidad como el pimentón o el pimiento choricero.

PREPARACIÓN

1. Picar fina la cebolla y rehogarla unos 15 minutos en una sartén a fuego suave con un chorro generoso de aceite de oliva y una pizca de sal.
2. Cuando esté blanda, añadir el pimentón picante y el dulce y la almendra molida. Rehogar un minuto.
3. Sumar la pulpa de pimiento choricero o ñora y el vinagre y rehogar un par de minutos más.
4. Pasar por el pasapurés o triturar con una batidora, añadir un par de cucharadas más de aceite, mezclar y corregir de sal y de pimentón picante.

Almoraima

INGREDIENTES
Para unos 200 g de salsa

- 1 tomate muy maduro grande o 2 pequeños
- 1 diente de ajo
- 1 cucharadita de pimentón dulce o picante
- ½ cucharadita de comino en grano
- 3 cucharadas de vinagre de Jerez
- 6 cucharadas de aceite de oliva virgen extra
- Sal gorda

A principios del siglo XX, el gastrónomo y cocinero Ignasi Domènech usó este aliño de origen popular en una ensalada que servía en La Almoraima, la gigantesca finca de los duques de Medinaceli en Cádiz. Desde entonces recibe ese nombre, y se usa habitualmente para aderezar la escarola. Vale para cualquier otra verdura de hoja, y —sorpresa— también funciona muy bien como contrapunto ácido en los cocidos de legumbres.

PREPARACIÓN

1. Tostar ligeramente el comino en una sartén a fuego suave, hasta que empiece a soltar su aroma.
2. Ponerlo en un mortero y machacarlo hasta que se convierta en polvo (si no se tiene mortero, se puede hacer con la batidora o un robot de cocina).
3. Añadir el ajo y una pizca de sal gorda y triturar. Incorporar el pimentón y un poco de aceite y mezclar.
4. Pelar el tomate, despepitarlo, picarlo en grueso y añadirlo. Triturar hasta que se convierta en una pasta y diluirla con el aceite y el vinagre.

Salsa de almendra

INGREDIENTES
Para unos 200 g de salsa

- 4 cucharadas de crema 100 % almendra (sin azúcar)
- 3 cucharadas de vinagre de Jerez
- 1 diente de ajo pequeño
- 4 anchoas (no tienen que ser de muy buena calidad)
- La ralladura de ½ limón
- 1 cucharada de miel
- 1 cucharada de aceite de oliva
- Sal

Esta salsa no tiene nada de tradicional, sino que es mi versión a la española de un aliño asiático que se suele hacer con mantequilla de cacahuete. Cambio el vinagre de arroz por vinagre de Jerez; el jengibre, por ralladura de limón, y la salsa de soja, por anchoas; la crema de almendra puede ser de avellana si se prefiere. Vale para ensaladas de hojas firmes o de pasta, o con cualquier verdura o pescado a la plancha.

PREPARACIÓN

1. Juntar el vinagre, el diente de ajo, las anchoas y unos 80 ml de agua en un vaso batidor. Triturar a fondo.
2. Poner la crema de almendras en un bol. Añadir poco a poco el líquido anterior e ir mezclando hasta conseguir una crema.
3. Sumar el aceite, la ralladura del limón y la miel, mezclar bien y dejar reposar como mínimo una hora en la nevera (está mejor de un día para otro).
4. Corregir de sal y de vinagre y añadir un poco más de agua si está muy espesa, o más crema de almendras si se ve demasiado líquida.

Alioli suave de manzana

INGREDIENTES
Para unos 300 g

- 2 manzanas, a poder ser reinetas
- 1 yema de huevo
- 1 cucharadita de vinagre de manzana
- 1 diente de ajo sin pelar
- Aceite de oliva virgen extra
- Sal

Esta salsa es una versión amaestrada del fiero alioli clásico, con el ajo asado y un invitado sorpresa: la manzana. A los integristas que quieran decapitarme por semejante herejía, les diré que el *all i oli de poma* y el de *codony* (membrillo) son tradicionales en tierras catalanas. Quienes digan «lleva huevo, eso es mayonesa» puede que tengan razón, pero la yema ayuda a que la salsa ligue facilitando la preparación.

PREPARACIÓN

1. Pelar las manzanas, quitarles el corazón y picarlas en trozos grandes. Ponerlas en un bol y untarlas con un chorro de aceite.
2. Asarlas en la freidora de aire junto al diente de ajo 10 minutos a 200 °C, o en el horno a la misma temperatura 15 minutos.
3. Dejar enfriar.
4. Pelar el ajo y triturarlo junto a la manzana, la yema de huevo, el vinagre y una cucharadita rasa de sal. Ir añadiendo poco a poco unos 100 ml de aceite de oliva sin dejar de batir, hasta que se forme una crema espesa. Si está demasiado densa, se puede aligerar con un poco de agua. Corregir de sal.

Salsa rápida de tomate

INGREDIENTES
Para unos 500 g

- 1 kg de tomates enteros en conserva
- 2 cucharadas de tomate concentrado
- 3 dientes de ajo
- 1 guindilla roja seca
- 1 cucharadita rasa de orégano
- 1 rama de albahaca
- Aceite de oliva virgen extra
- Sal

En esta versión exprés, uso tomates en conserva porque se cocinan antes y, salvo que sea verano y cuentes con tomates madurísimos, funcionan mejor. Habrá quien eche de menos la cebolla, pero el ajo le gana en velocidad (si eres ultracebollista la puedes incluir bien picada a la vez que éste y cocinarla unos 15-20 minutos más). Aunque añadir tomate concentrado, orégano y albahaca es un acto de lo más italianizante, da una profundidad a la salsa a la que no pienso renunciar.

PREPARACIÓN

1. Pelar y aplastar los dientes de ajo con el lado de un cuchillo, y ponerlos junto con la guindilla en una cazuela baja con un chorro de aceite a fuego suave.
2. Cuando los ajos empiecen a coger color, añadir el orégano, remover y cocinar un minuto más.
3. Añadir el tomate concentrado, remover y cocinar un par de minutos.
4. Sumar el tomate y subir el fuego a medio alto, hasta que empiece a borbotear. Bajar el fuego a medio bajo, triturar el tomate con una batidora, añadir la albahaca y dejar cocinando unos 30 minutos.
5. Apagar el fuego, retirar la albahaca, rematar con un chorro de aceite extra y mezclar bien. Se puede usar inmediatamente o guardarla en la nevera hasta 5 días. También admite la congelación.

Salsa española sin carne

INGREDIENTES
Para unos 400 gr

- 2 cebollas grandes
- 1 zanahoria
- 2 dientes de ajo
- 6 champiñones
- 4 cucharadas de tomate frito
- 1 cucharadita rasa de harina
- 1 hoja de laurel
- 50 ml de brandy
- 100 ml de vino tinto
- 100 ml de caldo de verduras

En su fórmula clásica, la sauce espagnole lleva, además de verduras, mantequilla, caldo de carne y manteca de cerdo. Mi versión, inspirada en la del cocinero Karlos Arguiñano, prescinde de los ingredientes de origen animal y da como resultado una salsa más ligera y rápida. Seguramente menos profunda, pero más saludable y práctica para la cocina cotidiana. Pega muy bien con las carnes y es perfecta para las albóndigas.

PREPARACIÓN

1. Pelar y picar las cebollas y las zanahorias en trozos de 1 cm aproximadamente. Ponerlas a pochar en una sartén grande a fuego medio, removiendo de vez en cuando, unos 20-35 minutos.
2. Mientras, picar el ajo fino y los champiñones más en grueso. Cuando la cebolla ya esté blanda y dorada, añadirlos a la sartén junto al laurel, y rehogar hasta que los champis pierdan buena parte de su agua.
3. Sumar la harina, remover y dejar que se cocine un par de minutos.
4. Añadir el tomate, remover y dejar otro par de minutos.
5. Mojar con el brandy, el vino y el caldo de verduras o agua. Cocinar entre 15 y 20 minutos. La salsa se puede aligerar con algo más de agua si se ve muy espesa, y también triturar si se quiere más fina.

Salsa vizcaína

INGREDIENTES
Para unos 500 g

- 2 kg de cebolla roja
- 10 pimientos choriceros
- 1 l de caldo de carne o agua
- Aceite de oliva
- Sal

La vizcaína no es precisamente una preparación rápida, pero cocinarla tampoco te exige ninguna trabajera. El dulzor de la cebolla y las notas ahumadas del pimiento acompañan muy bien al bacalao, pero también sirve para carnes o unos simples huevos. Hay quien le pone ajo, harina, hueso de jamón o galleta para espesar, pero aquí sigo la receta de mi cuñada May Beaskoetxea, que prescinde de todas esas fruslerías.

PREPARACIÓN

1. Cubrir los pimientos choriceros con agua hirviendo para que se rehidraten.
2. Calentar un chorro de aceite en una cazuela baja a fuego suave.
3. Cortar la cebolla en juliana y ponerla a pochar en la cazuela a fuego medio bajo unos 45 minutos, removien o de vez en cuando.
4. Cuando los pimientos estén blandos, abrirlos y quitarles la pulpa con una cuchara.
5. Cuando la cebolla esté bien blanda y oscura, añadir la pulpa de los pimientos y rehogar unos 5 minutos.
6. Mojar con el caldo de carne o agua, salar y dejar cociendo a fuego suave unas 3 horas, vigilando que no se queme (si se queda demasiado seco, añadir un poco de caldo o agua).
7. Pasar por el pasapurés y estará lista para usar. Se puede congelar.

Postres

Poleá

INGREDIENTES
Para 4 personas

- **100 g de harina**
- **120 g de azúcar**
- **1 l de leche entera**
- **1 peladura de limón**
- **75 g de aceite de oliva suave**
- **3 cucharadas de matalahúva (anís en grano)**
- **Canela en polvo**
- **Picatostes o daditos de pan frito**

Veganizar

Usa leche de soja en vez de leche de vaca.

Variantes

Para un sabor más intenso, tuesta la harina en una sartén o en el horno antes de usarla.

La poleá es lo que hoy llamaríamos un «postre», pero seguramente no nació como plato con el que se termina un banquete. Esta especie de gachas o de papilla, popular en la Andalucía occidental, parece más un preparado de subsistencia para tomar a cualquier hora en tiempos de escasez. Sus más que básicos ingredientes principales —harina, leche, azúcar, aceite y matalahúva (anís en grano)— pertenecen a la categoría de «lo último que se me acaba y es barato»: pura comida de desposeídos necesitados de calorías.

Hoy la poleá —o las poleás, que también se dice en plural— se reivindica en algunos restaurantes como una delicia de esas que te llevan a la infancia. Su composición no es precisamente el sueño húmedo de un dietista-nutricionista, pero tampoco es algo que por su contundencia te vaya a apetecer tomar todos los días. La receta a continuación es la de Cañabota, en Sevilla, donde las bordan.

PREPARACIÓN

1. Calentar un poco el aceite en un cazo con la peladura de limón y la matalahúva, sin que llegue a coger mucha temperatura.
2. Colar el aceite de la cocción con un colador sobre otra cazuela grande y ponerla a calentar a fuego medio. Añadir dos cucharadas de la matalahúva que haya quedado en el colador.
3. Añadir la harina al aceite y remover bien con unas varillas durante 2 o 3 minutos, para que la harina se cueza.
4. Incorporar el azúcar y mezclar bien.
5. Mojar con la leche sin parar de remover hasta que hierva y se forme una crema con la textura de una natilla. Si te quedan grumos, se puede colar.
6. Servir con canela espolvoreada y picatostes o panes fritos rebozados en azúcar y una pizca de sal.

Flan de manzana caramelizada

INGREDIENTES
Para 4-6 personas

- **1,25 kg de manzanas reinetas (en su defecto, golden)**
- **3 huevos**
- **75 g de mantequilla**
- **6 cucharadas de azúcar**

Caramelo

- **50 g de azúcar**
- **½ limón**

Variantes

Puedes caramelizar las manzanas con panela en vez de azúcar blanco.

El flan de manzana es una de las recetas más memorables de Karmele Beaskoetxea, tía de mi cuñada May. Nacida en 1927, Mele era una fantástica cocinera vasca que dominaba la tradición pero no se cerraba a la novedad: lo mismo preparaba una sensacional salsa vizcaína o unas finísimas croquetas como le daba por probar con un pollo a la Coca-Cola. Delicada, elegante y atenta al detalle en sus platos, lo único que repudiaba eran las masas, que —como a mí— no se le daban bien.

Como a tantas personas de su generación, el covid se la llevó en 2020, cuando tenía noventa y tres años. Sirva este postre, delicioso y facilísimo de preparar, como un homenaje a su memoria, y también a la de su hermana Ana Beaskoetxea, gracias a la cual la receta llegó a mis manos.

PREPARACIÓN

1. Poner a calentar a fuego medio en un cazo de base gruesa o una sartén de bordes altos el azúcar, y en otro cazo, 50 ml de agua.
2. Cuando el azúcar empiece a disolverse y a coger color, remover con una cuchara de madera o de silicona resistente al calor hasta que se forme un líquido espeso marrón claro.
3. Una vez disuelto del todo el azúcar, retirar del fuego, añadir el agua hirviendo y remover con cuidado hasta obtener el caramelo líquido. Echar un chorro de zumo de limón, mezclar bien y reservar.
4. Pelar las manzanas, quitarles el corazón y cortarlas en gajos.
5. Derretir la mantequilla con las 6 cucharadas de azúcar en una sartén grande y añadir las manzanas. Dejar que se cocinen unos 10 minutos tapadas y 8 destapadas. Comprobar que están bien tiernas por dentro, y si no, dejarlas hasta que lo estén.
6. Retirar la sartén del fuego y dejar que se temple.
7. Calentar el horno a 180 °C.
8. Untar con el caramelo un molde alto con capacidad para 1 l como mínimo.
9. Batir los huevos, añadirlos a las manzanas y verter la mezcla en el molde.
10. Hornear 25 minutos, comprobar si el centro está hecho con un palillo o aguja, y si no lo está, dejar 5 minutos más.
11. Dejar enfriar, pasar un cuchillo por los bordes y desmoldar.

Postre pijama 2024

INGREDIENTES
Para 4-6 personas

Flan

- **4 huevos**
- **½ litro de leche**
- **50 g de cacao puro en polvo**
- **90 g de azúcar**

Caramelo líquido

- **50 g de azúcar**
- **½ limón**

Fruta

- **2 melocotones o nectarinas**
- **2 rodajas de piña**
- **2 cucharadas de mantequilla**
- **2 cucharadas de miel**

Para servir

- **200 ml de nata para montar muy fría**
- **Helado de vainilla (para 4 bolas)**
- **Cerezas, frambuesas u otros frutos rojos para decorar**

Variantes

Usa helado de otros sabores, melocotón y piña en almíbar, o incorpora otras frutas.

Postre viejuno donde los haya, el pijama es un batiburrillo que acumula componentes a lo loco, pero que, por alguna extraña razón, funciona. Su versión original, que llevaba flan, helado, nata y frutas en almíbar, nació en 1951 en el restaurante 7 Portes de Barcelona. Los oficiales de la VI Flota desembarcados aquel año en la ciudad pedían Peach Melba, un famoso postre creado por el chef francés Auguste Escoffier, y el propietario del local, Paco Parellada, inventó para ellos una imitación a la española.

Con su aspecto fantasioso y su sorprendente mezcla de texturas y temperaturas, el pijama hizo furor primero en Cataluña, y desde allí se extendió por toda la costa mediterránea y parte del interior. Su estrella declinó en los noventa, y hoy es raro verlo en alguna carta, salvo que se trate de recreaciones nostálgicas o irónicas. La mía intenta refrescar la fórmula con un flan de chocolate exprés en olla rápida, fruta fresca salteada y nata sin azúcar.

PREPARACIÓN

1. Hacer el caramelo líquido como en la receta del flan de manzana (ver pág. 257).
2. Batir los huevos y el azúcar del flan hasta que cojan un color pálido.
3. Batir la leche con el cacao hasta que se disuelva del todo y no tenga grumos. Añadirla poco a poco a los huevos sin dejar de mezclar.
4. Poner parte del caramelo líquido en el fondo de un molde y verter la mezcla anterior. Tapar con papel de aluminio.
5. Cubrir el fondo de una olla rápida con un dedo de agua. Tapar, poner al fuego y cocinar 4 minutos a partir de que la válvula de la olla suba.
6. Despresurizar, sacar el flan y dejar que se temple.
7. Batir la nata en un bol con unas varillas hasta que se monte.
8. Poner en una sartén a fuego medio la mantequilla y la miel.
9. Pelar los melocotones o nectarinas y cortarlos en gajos o trozos grandes. Hacer lo mismo con la piña.
10. Saltearlos hasta que se doren, añadiendo más mantequilla y miel si es necesario.
11. Desmoldar el flan. Servir porciones con nata, helado, fruta salteada y cerezas o frutos rojos, y rematar si se quiere con unos hilos del resto de caramelo líquido.

Bandullo

INGREDIENTES
Para 6-8 personas

- **300 g de pan o brioche, preferiblemente seco**
- **500 ml de leche entera**
- **6 huevos**
- **50 g de mantequilla**
- **100 g de pasas**
- **50 g de piñones**
- **120 g de azúcar**
- **50 ml de vino dulce o coñac**

Variantes

Puedes añadir canela o vainilla a la mezcla, o cambiar los piñones por otros frutos secos.

El bandullo es, básicamente, un pudin: pan o bollo bañado en leche, huevo y azúcar, animado con otros ingredientes, y horneado. Sin embargo, la fórmula del postre británico que hizo furor en los siglos XIX y XX parece mezclarse con tratamientos más ancestrales en Galicia, donde se cocía al baño maría dentro de vejiga o estómago de cerdo. Con ligeras variaciones, el dulce recibe allí distintos nombres según la zona, como «vincha», «mistura», *buxo*, *tripon doce* o «budín», y es típico tomarlo en Carnaval o en Navidad.

Como en las cocinas ya no suele haber más vejigas que las nuestras, los bandullos contemporáneos se hornean en los moldes habituales para bizcochos o pudines. Mi receta se basa en la de Pazo de Vilane, productores de huevos de Antas de Ulla (Lugo), y además de estar buenísima sirve para aprovechar cualquier pan o bollo que se haya quedado seco.

PREPARACIÓN

1. Meter en el horno una fuente grande con agua y calentar a 180 °C.
2. Poner el pan o el brioche desmigado finamente —se puede hacer en un robot de cocina— en un bol con la leche y el vino dulce o coñac. Mezclar y que se empape bien.
3. Añadir las pasas, los piñones y el azúcar y mezclar.
4. Derretir la mantequilla en un cazo o en el microondas y añadirla.
5. Por último, batir los huevos e incorporarlos a la mezcla.
6. Untar con mantequilla un molde de cake. Cubrir el fondo con papel de horno y llenar con la mezcla anterior.
7. Hornear al baño maría (dentro de la fuente con agua) unos 45 minutos, o hasta que esté bien dorado. Comprobar que está hecho pinchando con un palillo en el centro; si sale manchado, hornear 5 minutos más.
8. Dejar enfriar antes de desmoldar.

La nueva comida de aquí

Este libro se titula *Cocina de aquí para gente de hoy*, y si yo fuera un periodista sesudo le preguntaría a su sabiondo autor: ¿qué es exactamente «cocina de aquí»? Porque en gastronomía, la línea que separa «lo de aquí» y «lo de allá» suele ser de lo más difusa. ¿Las croquetas son «de aquí»? Son consideradas más españolas que las castañuelas, pero *un petit rappel*: las inventaron los franceses, y hasta el siglo XIX no se implantaron en España. ¿La pasta es «de allá»? Aunque venga de Italia, desde hace décadas se prepara en miles de hogares españoles y está en las cartas de incontables restaurantes locales.

Si pensamos en alimentos concretos, las fronteras tampoco están claras. ¿Podemos considerar ya el yogur como un ingrediente propio? Está en todas las tiendas de alimentación del país y en buena parte de nuestras neveras, pero sólo se empezó a tomar de forma masiva a partir de la década de los sesenta. ¿Es el kiwi una fruta «extranjera»? Casi nadie la conocía en los ochenta, y hoy no sólo se produce en España, sino que está completamente asimilada a nuestro repertorio frutero cotidiano.

En gastronomía, la línea que separa «lo de aquí» y «lo de allá» suele ser de lo más difusa

No está claro en qué momento un alimento se asume como local, pero supongo que, desde que su consumo se generaliza, deben de pasar tres o cuatro generaciones. En cualquier caso, lo indiscutible es que nuestras neveras y despensas no son iguales que las de nuestras abuelas o bisabuelas, y por lo tanto, su «de aquí» no sería el mismo que el nuestro. Muchos productos básicos permanecen, pero algunos han mutado (hola, fresones descomunales, caquis persimón y sandías y uvas sin pepita), otros han entrado en vías de desaparición (adiós, hígado de vaca y frutas en almíbar, no fue ningún placer conoceros), y se han colado no pocos intrusos.

Puede que el cajón de las frutas y las verduras sea el más revolucionado en los últimos cuarenta años. El aguacate puede presumir de gran estrella en este apartado: aunque su introducción comercial comenzó en los años sesenta, y para los noventa ya era ampliamente conocido, su consumo se ha disparado en este siglo, y según datos del Ministerio de Agricultura, los españoles comían en 2022 seis veces más aguacate que en 2004. La producción, que se da sobre todo en Málaga y Granada pero también en Cádiz, Huelva y la Comunidad Valenciana, se ha doblado en este siglo, llegando a las 115.000 toneladas anuales.

Otro producto cultivado en Andalucía a la vez que importado de países tropicales es el mango, que podría formar equipo con todo un plantel de frutas que un día fueron exóticas y ya no lo parecen tanto. Entre las decanas estarían la piña, el coco y la chirimoya, pero la lista se va ampliando con otras cuya presencia en las tiendas cada vez nos extraña menos, como las limas o las papayas. Menos sandungueros pero igualmente novedosos son los frutos rojos: hace cincuenta años muchos

españoles conocían las moras, las frambuesas o los arándanos, pero desde luego no se encontraban en la frutería como ahora, cuando a pesar de su delicadeza algunas empresas agrícolas los han descubierto como un gran negocio.

En el territorio de las verduras, cabe destacar las mil y una variedades de lechuga frente a la única disponible en el pasado; la rúcula, todo el tiempo a la vez en todas partes, el hinojo, tan popular en Italia como ignorado en España, o los tomates enanos, que después de hacer furor ahora pueden ser hasta cursis. Las variedades desarrolladas por empresas han dado lugar a nuevas —y caras— hortalizas con patente, como el bimi, cruce de brócoli y coliflor, mientras que las modas llegadas de Estados Unidos nos han hecho creer que la kale o col rizada es la octava maravilla.

Algunos de los nuevos alimentos plantean serios problemas de sostenibilidad, bien porque producirlos esquilma recursos cada vez más escasos, o bien porque hay que traerlos de las quimbambas

En un repaso superficial por otros estantes del frigorífico encontraremos más señales del cambio. Las leches vegetales, que han de venderse como «bebidas» gracias a la acción de *lobby* de la industria láctea, están desplazando a la leche de vaca, obligada a su vez a mutar en distintas fórmulas desnatadas o enriquecidas para sobrellevar su creciente mala reputación. Al ya mencionado yogur se ha sumado recientemente el kéfir, al que se le atribuyen (sin pruebas) mayores virtudes, y en los quesos, variedades italianas como el parmesano, la mozzarella, el mascarpone o la burrata son más familiares para muchos españoles que las autóctonas.

En realidad, no hay sección del súper que se haya mantenido inmutable. ¿Frutas y frutos secos? En términos históricos, los hoy cotidianos anacardos o pistachos fueron una rareza hace tres días, y los dátiles jamás tuvieron tanta salida como endulzante dudosamente saludable. ¿Pescadería? La acuicultura ha hecho omnipresente al salmón, que antes era exquisitez al alcance de unos pocos y hoy compite con la merluza/pescadilla por el puesto de pescado más consumido. ¿Pastas y cereales? En el ultramarinos medio de los setenta no encontraríamos ni espaguetis, ni fusilli, ni avena, ni arroz basmati, integral o salvaje. ¿Caldos, gazpachos o cremas envasados? Con suerte (o mala suerte, más bien) podrías comprar una pastilla de Avecrem o de Starlux. ¿Salsas y aderezos? Pregúntale a tu abuelo si en su niñez había kétchup, mostaza, soja, vinagre balsámico o salsas picantes en cualquier sitio, como ahora.

Todos estos cambios no se han dado porque sí, sino por distintos factores económicos y sociológicos. La modernización de la España democrática impulsó el consumo y trajo consigo una mayor demanda de variedad en la comida. El ingreso en la Unión Europea (1986) o la globalización (años noventa) dieron entrada a multitud de productos desconocidos hasta entonces. Por si fuera poco, en los últimos cuarenta años nos hemos transformado de tierra de migrantes a país receptor de inmigración, lo que ha enriquecido nuestro repertorio gastronómico y facilitado el acceso a incontables delicias latinoamericanas, asiáticas o africanas.

Por otro lado, la preocupación por la salud, muchas veces mal entendida, lleva años marcando el paso de las innovaciones alimentarias. A ese carro se han subido los llamados «superalimentos», que no tienen nada de «súper», pero han logrado revestirse de un halo mágico que invita a comprarlos. En este apartado podríamos incluir las bayas de goyi, la chía, la quinoa, el lino, la espelta, el té verde o la cúrcuma: sin ser alimentos esencialmente insanos, tomarlos no va a beneficiar a tu organismo más que unos garbanzos, unas sardinas o unas acelgas, con la pequeña diferencia de que estos últimos son mucho más baratos. También relacionado con la salud, pero más con la empatía con los animales, el auge del veganismo ha logrado que el tofu y otros derivados de la soja, las cremas de frutos secos o las algas no nos parezcan excentricidades.

En términos de amplitud de oferta, la despensa moderna es mucho más rica que la de hace medio siglo. Sin embargo, no todo es luz y color en esta evolución. Algunos de los nuevos alimentos plantean serios problemas de sostenibilidad, bien porque producirlos esquilma recursos cada vez más escasos —véase el aguacate o el mango y su voracidad con el agua—, o bien porque hay que traerlos de las quimbambas. También habría que analizar si tanta variedad se ha traducido en una mejora real de la calidad media de nuestra cocina, o si ha servido para profundizar aún más la desigualdad alimentaria entre las personas con poder adquisitivo y las que no lo tienen. ¿La «comida de aquí» ha cambiado? Sin duda. ¿Para bien? Ésa es una pregunta mucho más difícil de responder.

Fruta con lima y yogur

INGREDIENTES
Para 4-6 personas

- **2 plátanos**
- **300 g de fresas (u otra fruta en temporada)**
- **2 limas**
- **400 g de yogur griego**
- **75 g de azúcar**
- **Sal**
- **250 g de bizcocho (ver pág. 270) o 2 magdalenas o sobaos (opcional)**

Veganizar

Usa yogur de coco espeso en vez de yogur griego.

Variantes

Puedes cambiar el yogur por queso fresco batido, mascarpone o nata montada.

Los postres de fruta son vistos con cierto recelo por los más golosos, como si se olieran que estamos dando gato saludable por liebre azucarada. Como por suerte no sufro de adicción a lo dulce, a mí me pasa todo lo contrario: agradezco siempre la jugosidad o la acidez de las frutas en este tipo de platos, en los que casi siempre ayudan a reducir el empalago.

Una forma de vestir cualquier fruta para que no quede sosa en un postre es bañarla en almíbar, pero éste tiene que ser ligero y levemente ácido, porque si no nos arruinará la frescura. El almíbar de lima de este postre, sacado del libro *La comida de la familia,* de Ferran Adrià, posee ambas cualidades y potencia las virtudes del plátano y las fresas sin cargarse sus matices. La receta es sencillísima de hacer, vale para cualquier fruta que esté en temporada y puedes controlar su contundencia incorporando o no las migas de bizcocho.

PREPARACIÓN

1. Poner un cazo a calentar a fuego medio con 150 ml de agua y el azúcar. Cuando haya cogido algo de temperatura, menear el cazo hasta que el azúcar se disuelva del todo.
2. Añadir la ralladura de una de las limas y su jugo. Retirar del fuego y dejar que se temple.
3. Quitar el tallo y la parte blanca a las fresas y cortarlas en cuartos o por la mitad, dependiendo del tamaño.
4. Pelar y cortar los plátanos en rodajas finas, de unos 3 mm de grosor.
5. Poner el almíbar, las fresas y el plátano en un táper o recipiente, y dejar macerando una hora como mínimo en la nevera.
6. Batir un poco el yogur con un par de cucharadas del almíbar y una pizca de sal.
7. Si se usa, desmigar el bizcocho, los sobaos o las magdalenas y repartir las migas en boles. Repartir el yogur y poner plátano y fresa por encima. Terminar con un poco más de ralladura de lima.

Colineta de Teverga

INGREDIENTES
Para 8-10 personas

- **100 g avellana**
- **150 g de nuez**
- **6 huevos**
- **120 g azúcar**
- **2 cucharadas de harina**
- **70 g mantequilla muy blanda o derretida**
- **4 cucharadas de anís**
- **½ cucharadita de sal**

Veganizar

Cambia la mantequilla por un aceite vegetal.

Variantes

Puedes usar otros frutos secos y cambiar el anís por cualquier licor.

La colineta es un dulce que hizo furor entre los finolis de la costa norte española en el siglo XIX. Este bizcocho esponjoso de almendra, huevo y azúcar se podía emperifollar más o menos con distintos adornos, en función de la rimbombancia del consumidor. Su popularidad fue declinando, y hoy sólo se mantiene vivo en algunas localidades de Galicia y Asturias.

Una de ellas es Teverga, en el interior del principado, donde la colineta presenta una curiosa particularidad: en vez de almendra suele llevar avellana, lo que le da un sabor muy diferente al de otros pasteles o bizcochos. También se puede hacer con nuez, como aparece en el *Libro dulce* de la Cofradía de Nuestra Señora del Cébrano de Carrea, una parroquia del concejo de Teverga. Mi receta se basa en la fórmula que propone esta publicación, pero tiro por la calle del medio con los frutos secos mezclando avellana y nuez. Para una colineta sin gluten, cambia la harina por maicena.

PREPARACIÓN

1. Forrar la base de un molde redondo de unos 22 cm con papel de horno. Untarlo con aceite o mantequilla, bordes incluidos.
2. Calentar el horno a 160 °C.
3. Triturar las avellanas y las nueces. Mezclarlas con la harina y la sal.
4. Separar las claras y las yemas de los huevos en dos boles grandes. Batir las yemas con el azúcar y el anís hasta que estén pálidas y esponjosas. Incorporar la mantequilla y batir un poco hasta que se integre.
5. Batir las claras a punto de nieve.
6. Ir espolvoreando por encima de las yemas las avellanas y nueces molidas en partes, y mezclando con suavidad.
7. Incorporar las claras y mezclarlas suavemente con una espátula, haciendo movimientos envolventes.
8. Verter la masa en el molde y hornear unos 40-45 minutos. Pinchar el centro con un palillo: si sale limpio, está hecha. Si no, hornear 5 minutos más.
9. Dejar enfriar sobre una rejilla y espolvorear, si se quiere, con azúcar glas. También se puede decorar con nueces o avellana picada. Está muy buena con nata montada, yogur batido o helado.

Bizcocho de siempre modernizado

INGREDIENTES
Para 6-8 personas

- **300 g de harina de repostería**
- **3 huevos**
- **175 g de panela (o azúcar integral de caña)**
- **100 g de kéfir**
- **150 g de mantequilla blanda a temperatura ambiente**
- **15 g de impulsor químico (levadura tipo Royal)**
- **1 naranja o 2 limas**
- **Azúcar glas**

Aunque tengo muy asumido que no soy ni seré nunca un *crack* de la repostería, en mi trabajo como periodista gastronómico me he cruzado con pasteleros que me han enseñado a preparar dulces sencillos sin hacer el ridículo. Personas sabias en su oficio —y buenas comunicadoras— como Sofía Janer, Saray Ruiz o Miquel Guarro me han animado a mí y a muchos lectores de *El Comidista* a perder el miedo a las masas, a las cremas y, sobre todo, al fracaso.

La receta a continuación está basada en una de Miquel, que publicó en 2023 un libro fantástico de pastelería casera para aficionados titulado *Dulce revolución*. Da una vuelta de tuerca fresca y ácida a uno de mis bizcochos favoritos, el conocido como «1, 2, 3» o «de vasitos». Siempre que preparo su versión modernizada, que cambia el yogur y el aceite de oliva por kéfir y mantequilla, triunfo con ella. Otro punto a favor es que la dificultad tiende a cero, por lo que es el sueño húmedo de cualquier repostero novicio.

PREPARACIÓN

1. Calentar el horno a 180 °C y untar un molde con mantequilla.
2. Batir los huevos y mezclarlos con el kéfir.
3. Mezclar la harina, la panela, el impulsor y la ralladura de la naranja o de las limas.
4. Incorporar a la harina la mantequilla con unas varillas eléctricas o un robot, batiendo hasta obtener una especie de arena.
5. Mezclar con el huevo con kéfir lo justo para obtener una masa homogénea. Espolvorear con azúcar glas, verter en el molde y hornear durante 35-40 minutos.
6. Dejar enfriar y desmoldar.

Perrunillas

INGREDIENTES
Para unas 20 perrunillas

- **600 g de harina**
- **300 g de azúcar y un poco más para rebozar**
- **3 huevos**
- **12 almendras crudas molidas**
- **500 ml de aceite de oliva virgen extra**
- **½ manzana cortada en trozos grandes**
- **½ melocotón cortado en trozos grandes**
- **50 ml de aguardiente de orujo**
- **10 ml de esencia de anís (o dos cucharadas de anís)**
- **½ limón**

En unos sitios les llaman «perronillas», y en otros, «perrunillos». Hay debate sobre si se hacen con aceite o con manteca, más planas o más tochas, con canela o con anís. Y, como no podía ser de otra forma, se reclama con fiereza su paternidad en distintas zonas. Las perrunillas tienen todo lo que un polemista gastronómico puede desear, porque son historia viva de la repostería española.

Amadas en las dos Castillas y Andalucía, pero especialmente en Extremadura, el nombre de estas pastas parece derivar de la «torta perruna», definida en el diccionario de la RAE de 1817 como «torta de manteca, harina y azúcar muy agradable al paladar y que suele servirse con el chocolate». Las perrunillas contemporáneas suelen llevar algo de almendra, y aunque las formas de prepararlas son diversas, siempre conservan su encantadora contundencia. A mí me enseñaron a hacerlas Loli Mateos, cocinera del Hostal Los Rosales (Tejeda de Tiétar, Cáceres), y su madre, la adorable María Manzano, perrunilleras profesionales desde su más tierna infancia.

Variantes

Cambia el aceite de oliva por manteca y aromatiza las perrunillas con otros licores.

Extremadura, Andalucía, Castilla y León y Castilla-La Mancha

PREPARACIÓN

1. Freír la manzana y el melocotón en el aceite en una sartén grande. Apagar el fuego y dejar que se temple.
2. Cuando el aceite no esté muy caliente, retirar las frutas y añadir el orujo, la esencia de anís o el anís, el zumo del limón , las almendras molidas y el azúcar. Remover hasta que el azúcar se disuelva.
3. Añadir la harina, amasar lo justo para que la mezcla sea homogénea y dejar reposar 8 horas.
4. Calentar el horno a 160 °C.
5. Separar las claras de las yemas. Montar las primeras a punto de nieve y añadir las segundas a la masa.
6. Formar tortas con la masa del tamaño que se quiera (la palma de la mano sin los dedos, por ejemplo) de 1 cm de grosor aproximadamente.
7. Pintar con las claras por una de las caras, y rebozar en azúcar por ese mismo lado.
8. Hornear unos 45 minutos. Una vez frías, conservar en un recipiente hermético.

Índice de recetas

Índice de ingredientes y nombres

C

Q

Q

R

S

T

U

V

Y

Z

Agradecimientos

Gracias infinitas a Sandra Lozano por ayudarme creativa, técnica y psicológicamente en la creación de este recetario: eres mejor que una pipirrana. A Becky Lawton por las preciosas fotos y a Lucia Calfapietra por sus increíbles ilustraciones. A Mayela Armas, Anik Lapointe, Manel Martos, Nora Grosse y Marc Monner por poner tanto cariño en el libro y por su paciencia con mis caprichos de diva.

Muchos de los platos, boles y fuentes que aparecen en este libro son de mi tienda de cerámica favorita de Madrid: La Oficial. Gracias a Toni Torrecillas por dejarnos sus tesoros para las fotos. También en Madrid, Eturel nos ha prestado sus preciosas mantelerías regionales, y en Barcelona hemos contado con unas cuantas maravillas de Bon Vent, ese paraíso en el que todo es bonito.

Agradecida y emocionada con todas las personas generosas de cuya sabiduría me he aprovechado en textos y recetas: Mònica Escudero, Jorge Guitián, Kike Ojanguren, Esperanza Peláez, Rosa Ardá, Pamela Rodríguez, Ana Vega, *Biscayenne*, Luis Alberto Lera, Juan Hernández, Miquel Guarro, Addicted to Humus, Ángeles Funes, Ana María Gutiérrez, May Beaskoetxea, Pablo Margós, Andoni Aduriz, Clara P. Villalón, Ángela León, Marc Pérez, Loli Mateos, María Manzano, Carmen Ferrer, Manolo Sanmartín y otros que se me estarán olvidando y espero que me perdonen.

Gracias al equipo de *El Comidista*, que ha mantenido la cordura mientras mi cabeza estaba en este recetario: otra vez Mònica, Patricia Tablado, Julia Laich, Carlos Doncel, el maravilloso *team* de la productora Unto y todos los colaboradores. Os amo con la fuerza de los mares.

Un recuerdo para la familia, que también ha aguantado lo suyo: mi marido, sin el que iría por el mundo como vaca sin cencerro; mis hermanas, hermanos, cuñadas, sobris, suegris y mi segunda madre, Juli, y mis superamigas de Madrid, Bilbao, Barcelona, Valencia y Santiago de Chile. Sois unas cuantas y por eso no os nombro, pero vosotras sabéis de quién hablo.

Como los anteriores, este libro es para María Carmen Iturriaga, que además de darme la vida me enseñó a amar la cocina.

Mikel López Iturriaga

nació en Bilbao hace siglos. Se licenció en una carrera muy práctica (Filología Hispánica) y después trabajó como periodista musical, pero no se convirtió en famosillo hasta fundar *El Comidista*, un canal gastronómico en el diario *El País* que también opera en YouTube y otras redes sociales. Allí hace recetas, reportajes y, con más frecuencia de la que debería, el ridículo. También ha colaborado en programas de radio de la Cadena Ser (*Hoy por Hoy*) y Radio Nacional de España (*Las tardes de* RNE, *Gente despierta*); dirigió fugazmente *El Comidista* TV en laSexta y presentó *Banana Split*, un espacio de música y gastronomía, en La 2 de TVE. Aprendió a guisar con su madre y después en la Escuela Hofmann, y ha publicado tres recetarios cuyos títulos destacan por su originalidad: *Las recetas de El Comidista*, *La cocina pop de El Comidista* y *Las 202 mejores recetas de El Comidista*. Su último éxito profesional ha sido escribir esta biografía.

Papel certificado por el Forest Stewardship Council®

Primera edición: octubre de 2024

Printed in Spain – Impreso en España

ISBN: 978-84-19851-50-5
Depósito legal: B-12.746-2024

Impreso en Índice, S.L.
Barcelona

S M 5 1 5 0 5